Quiero
vivir

Cómo vencer
la seducción del suicidio

Dra. Neroli Duffy y Marilyn C. Barrick, Ph.D.

DARJEELING PRESS
Emigrant (Montana, EE.UU.)

QUIERO VIVIR: CÓMO VENCER LA SEDUCCIÓN DEL SUICIDIO
Dra. Neroli Duffy y Marilyn C. Barrick, Ph.D.
basado en las enseñanzas de Elizabeth Clare Prophet
Spanish Edition Copyright © 2017 DARJEELING PRESS. All rights reserved.

Título original: *Wanting to Live: Overcoming the Seduction of Suicide*
Dr. Neroli Duffy and Marilyn C. Barrick, Ph.D.
Copyright © 2004 SUMMIT PUBLICATIONS, INC. All rights reserved.

Este libro fue publicado originalmente en inglés e impreso en los Estados Unidos. Esta edición en español se publica bajo los términos de un Acuerdo de Licencia entre DARJEELING PRESS y SUMMIT UNIVERSITY PRESS.

Ninguna parte de este libro puede reproducirse, traducirse, copiado, exponerse o transmitirse electrónicamente ni utilizarse en ningún formato o medio sin previo permiso por escrito de SUMMIT UNIVERSITY PRESS, excepto por críticos en breves reseñas.

Darjeeling Press
PO Box 154, Emigrant, Montana 59027 USA
www.darjeelingpress.com

Summit University Press
63 Summit Way, Gardiner, MT 59030-9314 USA
Tel: + 1 406-848-9500 [en los EE.UU: 1-800-245-5445]
Fax: 1-406-848-9555
info@SummitUniversityPress.com
www.SummitUniversityPress.com
www.SummitUniversity.org
www.SummitLighthouse.org

ISBN: 978-1-937217-12-9 (edición en rústica)
ISBN: 978-1-937217-13-6 (libro digital)

Summit University Press, Summit University y The Summit Lighthouse son marcas inscritas en el Registro de Patentes y Marcas y de los EE.UU. y en otros organismos competentes en materia de marcas. Todos los derechos reservados.

A las muchas almas que abandonan
la vida en la Tierra debido al desaliento
y que, en realidad, quieren vivir.

NOTA IMPORTANTE

Este libro tiene el propósito de ofrecer una percepción espiritual y no ha de utilizarse en sustitución del asesoramiento profesional y otras formas de intervención.

Si te estás planteando el suicidio o si alguien conocido ha dado muestras de querer suicidarse, debes buscar ayuda profesional inmediatamente.

Este libro está a la venta sin ofrecer garantías de ningún tipo, de forma expresa o implícita, y los autores y el editor no asumen ninguna responsabilidad legal o de otro tipo por actos u omisiones realizadas como consecuencia del contenido del mismo.

Índice

Prefacio de Lois Drake:
    ¿Una salida o un retroceso?............ viii
    El don de la vida........................... x

PRIMERA PARTE: COMPRENDER EL SUICIDIO
    Un sitio especial en el plan de Dios............. 2
    El suicidio: una epidemia nacional............. 4
    ¿Qué nos ocurre al morir?..................... 6
    Cada alma que se suicida va al cielo, ¿verdad?.... 7
    Un caso del mundo celestial.................. 10
    Hemos vivido antes.......................... 13
    Pruebas ya afrontadas en el pasado............ 18
    El alma desea pasar las pruebas.............. 20
    Un paquete ante la puerta todos los días........ 23
    El impulso autodestructivo................... 26
    Desenfreno temerario....................... 30
    Depresión, desánimo y desesperación.......... 32
    La muerte dulce............................ 35
    Estilos de vida autodestructivos............... 36
    En el cielo muy recientemente................ 39
    Entrevista a Angie Fenimore.................. 42

SEGUNDA PARTE: LA ECUACIÓN ESPIRITUAL
    Niveles de energía.......................... 52
    Tu Yo espiritual............................ 53
    Tu Yo Superior............................ 57
    El yo inferior.............................. 58
    Ser o no ser............................... 59

Fuerzas inadvertidas 61
Espíritus desencarnados 62
Fuerzas negativas que acechan
　　a las personas susceptibles 65
La seducción de la entidad del suicidio 68
Suicidios en cúmulo y suicidios por imitación 70
Los efectos de la música 73
Los tentadores son las fuerzas del mal. 76
¿Y si me limito solo a contemplar el suicidio? 78
El último enemigo. 80
La causa detrás del efecto del suicidio. 83
El discernimiento es la clave 86
La elección de vivir. 88
¿Existen excepciones? 89
Elige la vida, no la muerte. 92
Historia de un alma,
　　de Elizabeth Clare Prophet 94

TERCERA PARTE: CÓMO ABORDAR EL PROBLEMA
Una razón para vivir. 98
Dedícate a tu pasión 100
La importancia del amor en la familia. 102
Una llamada a los adultos que aman. 103
Mentores adolescentes y grupos de apoyo. 105
El apoyo espiritual es clave 107
Comunicación. 109
El poder curativo del perdón. 112

CUARTA PARTE: SOLUCIONES ESPIRITUALES
Soluciones Divinas 116
El poder de la oración. 117
El Arcángel Miguel, ángel de la protección 120
A los ángeles corresponde desafiar al mal 124

◀ **Índice** ▶

Suicidio y terrorismo. 126
Un cilindro protector 127
Cómo vencer al yo irreal. 129
El consuelo de la llama violeta 130
Reza por quienes se han suicidado 133
Las familias que quedan detrás 134
Un toque de atención 137
Señales de aviso. 138
Si un amigo o un ser querido quiere
    suicidarse o si lo quieres hacer tú. 140
La muerte no es real 142

Notas 143

Más recursos. 144

Reconocimientos. 146

Prefacio
¿Una salida o un retroceso?

O scuridad y más oscuridad. Eso era todo en lo que Joan podía pensar. No tenía sentido levantarse por las mañanas, no lo tenía bañarse, no lo tenía mirar afuera. Nada tenía sentido... solo había oscuridad.

Lo único que generaba en Joan un atisbo de interés era su hija de diez años, Susan. Susan participaba en competiciones ecuestres. Susan la necesitaba. Pero hoy, Susan se desvanecía en la negrura.

Joan hurgó en el montón de trastos que había al lado del lavabo y encontró el frasco anaranjado de las pastillas para dormir. «Hoy Susan tiene una competición», le pasó por la cabeza, hacia a la oscuridad. Casi sintió cómo algo extraño a sí misma le movió los brazos. Joan se echó las pastillas en la mano.

* * *

Si Joan escoge abandonar la vida, ¿a dónde la conducirá su decisión? En este libro especial y lleno de inspiración, una importante instructora espiritual de la nueva era, una médico y una psicóloga clínica desvelan una sorprendente vista más allá del mundo físico hacia un reino que habitualmente no vemos: espíritus malignos que intentan persuadir a gente deprimida, aunque magnífica, a que se suicide; una existencia sombría y dolorosa en un nivel de conciencia oscuro y aterrador; y almas perdidas que regresan inmediatamente hacia una nueva vida para afrontar la misma prueba otra vez.

Primordialmente, *Quiero vivir* ofrece poderosas y transformadoras relaciones con rescatadores celestiales, herramientas prácticas y conocimientos invaluables para que las personas con tendencias suicidas y sus seres queridos permitan que la luz transforme un mundo oscuro.

Esperanza en una vida de desesperanza; este libro salvará muchas vidas.

Lois Drake

El don de la vida

La vida es un don que no tiene precio; sin embargo, cada año miles de almas desalentadas ponen fin a su vida. Muchas de ellas son niños y adolescentes que creen que dejan atrás todos sus problemas mientras ellos se dirigen hacia un mundo mejor.

En realidad, todo el mundo quiere la *vida*, aun cuando le ponen fin. Sin embargo, ¿por qué tanta gente muere para vivir?

La comprensión de quiénes somos y las leyes espirituales que gobiernan nuestra existencia puede beneficiar a las personas en sus momentos más oscuros, cuando se encuentran eligiendo entre la vida y la muerte —incapaces, al parecer, de distinguir entre las dos cosas— mientras el cielo mismo espera su sino.

PRIMERA PARTE

Comprender el suicidio

Un sitio especial en el plan de Dios

Cada uno de nosotros tiene su sitio especial en el plan de Dios. Encarnamos para ocupar nuestro sitio en el escenario de la vida y ofrecer el don único que solo nosotros podemos dar.

Todos tenemos una misión especial que realizar en la vida. Esa misión puede consistir en traer al mundo a nuestros hijos, publicar un libro, ofrecer nuestro talento en el arte dramático, la ingeniería, la música o las ciencias: una misión que solo nosotros podemos llevar a cabo.

Quienes han tenido una experiencia cercana a la muerte con frecuencia cuentan que alguien les habló de su misión durante un «repaso de su vida» en compañía de ángeles y maestros de luz. De hecho, al final de una vida en la Tierra, todos nosotros hacemos una evaluación de la vida que hemos vivido. Repasamos nuestra misión, cómo hemos aprovechado la oportunidad de la vida, y vemos las consecuencias de nuestras acciones, tanto las buenas como las malas. Éxitos y fracasos se consideran experiencias de las que aprender.

Quienes regresan de una experiencia cercana a la muerte a menudo lo hacen porque tienen una misión específica que aún no han realizado. Vuelven con un verdadero sentido de la meta que tienen, queriendo terminar aquello para lo cual vinieron a la Tierra.

Hay una gran diferencia entre terminar la vida de acuerdo con el plan que Dios tiene y quitarse la vida. El suicidio no es solo el fin del cuerpo; es una trágica pérdida del plan divino que tiene el alma, una oportunidad de participar en el gran diseño de Dios.

Por consiguiente, suicidarse significa negar *la vida*: la vida propia, la del Yo Superior de uno mismo y el plan que se habría desarrollado en nuestra vida. Ese plan de la vida queda interrumpido, con desastrosas consecuencias para el alma y para quienes están conectados con esa alma como parte del plan divino.

El suicidio: una epidemia nacional

El suicidio va en aumento. La Organización Mundial de la Salud calcula que aproximadamente un millón de personas muere cada año por suicidio. En los últimos cuarenta y cinco años, la tasa de suicidios ha aumentado un sesenta por ciento en todo el mundo.

El promedio que se calcula en los Estados Unidos es de un suicidio cada dieciocho minutos, mientras que, por cada uno de esos suicidios, otras veinticuatro personas sobreviven a un intento de suicidio. Actualmente, el suicidio es la tercera causa de muerte en jóvenes entre quince y veinticuatro años de edad. En 1999 murieron más adolescentes y adultos por suicidio que a causa del cáncer, las enfermedades del corazón, el SIDA, los defectos de nacimiento, los derrames cerebrales y las enfermedades crónicas pulmonares en conjunto.

El suicidio entre adolescentes en los Estados Unidos está alcanzando unas proporciones epidémicas. Más que nunca, los adolescentes sufren más accidentes, toman más sobredosis y se suicidan con más frecuencia. Desde 1952 hasta 1992, la tasa de suicidios entre adolescentes y jóvenes adultos se ha triplicado. Y mientras que las mujeres son más propensas a intentar suicidarse, los hombres tienen el cuádruple de posibilidades de conseguirlo.[1]

«A nivel nacional, el suicidio es la tercera causa de muerte entre adolescentes; en algunos casos los investigadores consideran que la primera y la segunda causa de muerte, accidentes y homicidios, son suicidios no aparentes», dice Loren Coleman, experta en suicidios.

«Muchos casos de sobredosis, accidentes mortales automovilísticos y desórdenes autodestructivos con la comida y el alcohol relacionados con lo anterior, no son considerados como suicidios juveniles. Algunos investigadores creen que la cantidad total de suicidios puede ser de unos veinticinco mil al año,[2] porque, por ejemplo, algunos suicidios pasan desapercibidos, de otros no se informa y otros se producen en accidentes automovilísticos de un solo vehículo».

El suicidio también se está convirtiendo en una «escapatoria» elegida por un número cada vez mayor de adultos. Cuando la vida se vuelve difícil, piensan que ese es el momento de «irse para el otro lado».

El verdadero balance de muertes por suicidio ni siquiera se puede calcular. Es algo devastador para individuos, familias, escuelas y comunidades. Se estima que cada suicidio afecta muy de cerca al menos a otras seis personas. También se estima que hay cinco millones de estadounidenses vivos que, en un momento u otro de su vida, han intentado suicidarse. Y la verdad es que casi todo el mundo, en algún punto de su vida, ha pensado en suicidarse o ha tenido la tentación de hacerlo.

El suicidio es el resultado de muchos factores complejos. La depresión y el consumo de drogas están asociados con un alto porcentaje de suicidios, y estos tienen más probabilidades de producirse durante períodos de crisis (socioeconómicos, familiares e individuales) y períodos en los que se produce una pérdida, ya sea la de un ser querido, la del empleo o la del honor.

Pero entender lo que le ocurre al alma tras el suicidio puede ayudar a las personas cuando se vean cara a cara con la elección de quitarse la vida o continuar viviendo. El conocimiento de la verdad espiritual puede ser una defensa que las proteja en tiempos difíciles y de desesperación.

¿Qué nos ocurre al morir?

Cuando el alma atraviesa el velo de la muerte, ello en realidad no supone el fin de la vida, sino el principio de una nueva vida separada del cuerpo. La experiencia de cada alma puede ser distinta, dependiendo de las circunstancias de su muerte y las decisiones que haya tomado en esa vida.

Una vez que el alma ha abandonado el cuerpo, los ángeles pueden acudir en respuesta a las oraciones y las peticiones de las personas encarnadas para que esa alma sea llevada a otro plano de existencia, que algunas personas consideran como «el cielo». Los ángeles envuelven al alma en vestiduras de luz mientras esta es conducida a hogares de luz en el mundo celestial.

Si la muerte ha sido traumática o prematura, los ayudantes celestiales pueden consolar al alma. Esto es así especialmente en el caso de los niños. A veces ellos duermen por un tiempo en una hermosa habitación, con plantas, una luz suave y música para bañar al alma con el amor del cielo. Cuando están preparados para ello, los niños son despertados por los ayudantes angélicos y conducidos a escuelas donde pueden aprender de ángeles y maestros de luz.

Sí, en el mundo celestial existen escuelas y centros de aprendizaje. En tales escuelas las almas aprenden acerca de las fuerzas que ejercieron una influencia en su vida. Estudian las circunstancias de la vida, la familia y el efecto que esa vida tuviera sobre los seres queridos y sobre el mundo. Se les muestra las pruebas que tenían que pasar en esa vida. Todo ello como preparación para el siguiente paso, la siguiente tarea en la evolución del alma.

Pero para el alma que se ha suicidado, las cosas no son tan sencillas.

Cada alma que se suicida va al cielo, ¿verdad?

Muchos de quienes han tenido una experiencia cercana a la muerte han vislumbrado la vida del alma en otros planos de existencia. Con frecuencia esas personas ven un túnel de luz, se encuentran con ángeles y seres de luz y experimentan una parte del mundo celestial. Sin embargo, quienes han vivido una experiencia cercana a la muerte tras intentar suicidarse a menudo cuentan una historia muy diferente: se encuentran con un lugar oscuro en vez de uno de luz.

Es triste que las personas que consiguen quitarse la vida a menudo no alcancen el mundo celestial ni se encuentren con los ayudantes celestiales. En realidad, las que llegan al cielo son las afortunadas. Muchas de las que se suicidan no llegan a la puerta del cielo, sino que acaban pasando un período de tiempo en los niveles inferiores del «plano astral», una frecuencia de tiempo y espacio que vibra por debajo del nivel del mundo físico.

Muchas culturas reconocen ese nivel de existencia dándole varios nombres. Por ejemplo, cuando la Iglesia católica habla del purgatorio y la Biblia cristiana habla del infierno, fundamentalmente están utilizando un nombre que denomina al plano astral, especialmente al plano astral inferior.

Muchas personas que han tenido experiencias cercanas a la muerte tras haber intentado suicidarse han explicado que no han llegado a un lugar de luz y consuelo, sino que han sido ubicadas temporalmente en un sitio más oscuro, en el que pudieron aprender con rapidez las lecciones relacionadas con el rechazo al don de la vida.

Esas personas fueron sumamente conscientes del dolor que causaron, tanto a sí mismas como a otras personas, y los problemas que se producirían como consecuencia de ello. Libres de la insensibilidad producida por las drogas o el alcohol, que fueron o bien el medio que las condujo a la muerte o bien lo que con frecuencia contribuyó a ello, ahora se veían forzadas a afrontar directamente sus sentimientos y sus problemas, los mismos de los que esperaban escapar. No hallaron el alivio que buscaban, sino que se encontraron a sí mismas en un punto donde la desesperación y la desesperanza eran aún mayores de lo que lo habían sido en vida.

Para quienes abandonan la vida mediante el suicidio, esta visita al plano astral es solo temporal, pues una vez que las lecciones están aprendidas, las almas vuelven a encarnar muy pronto. Las leyes de la vida decretan que han de regresar a un nuevo cuerpo. Deben volver a afrontar las circunstancias que les hicieron quitarse la vida, los desafíos de los que intentaron escapar. Deben comprender qué fue lo que les llevó a desencarnar y, entonces, han de tomar decisiones correctas y afirmar la vida, no la muerte. Esto puede ser difícil de afrontar para el alma, pero es necesario. Esta está en deuda con la vida y la deuda solo se puede saldar en el reino terrenal, donde se incurrió en dicha deuda.

El alma vuelve con los padres terrenales, pasa por los años de la crianza y todo lo que estos conllevan. Depués, un día, el alma se verá cara a cara con unas circunstancias parecidas a las que afrontó anteriormente: la elección de vivir o no vivir. Esta prueba será casi como un «déjà vu». El alma se enfrentará otra vez con todas las pruebas que no pasó.

Ahora el alma debe recuperar terreno, compensar el tiempo perdido. Peor aún, el mismo dolor que quiso evitar, no lo evitó en absoluto. De hecho, en muchos casos, este se agravó.

Si las personas conocieran tan solo este hecho, ello podría suponer una enorme diferencia para ellas. Muchas de las que consideran suicidarse, bien podrían tomar una decisión distinta si supieran a dónde les conducirá la decisión que quieren tomar.

Un caso del mundo celestial

Miguel* es un ejemplo gráfico procedente de los historiales del mundo celestial. Nació en Venezuela y más tarde se mudó a los Estados Unidos. Se encaminó por un sendero espiritual a los veintitantos años, rompiendo con su anterior vida de cocaína y marihuana.

Pero unos tres años más tarde regresó a Sudamérica y se alejó de las cosas espirituales, volviendo a su antiguo estilo de vida, el cual demostró ser mortífero la segunda vez. Tras una sobredosis de cocaína, se derrumbó en la habitación de un hotel y murió a la llegada al hospital. La sobredosis pudo ser accidental o pudo habérsela proporcionado alguien con la intención de matarlo. Le robaron después de morir.

No fue hasta dos meses después que algunos de los amigos de Miguel se enteraron de su muerte e hicieron llamados al Arcángel Miguel y las legiones de ángeles de relámpago azul pidiendo por su alma. Los ángeles necesitaban la autoridad de esas oraciones para interceder por Miguel. Pudieron localizar su ubicación y lo encontraron en el plano astral, sentado en un bar (sí, en el plano astral hay bares). Había estado de fiesta desde que murió.

Tal como puede ocurrir, Miguel no se había dado cuenta de que había muerto y había continuado en el plano astral con lo

---

* Los casos contenidos en este libro provienen de los archivos de Neroli Duffy, Marylin Barrick y Elizabeth Clare Prophet. Se ha cambiado el nombre de las personas y algunos detalles de su historia con el fin de proteger su privacidad y la de sus familias.

que hacía en el físico. Miguel vio acercarse a un ángel de relámpago azul y, en ese momento, viendo al ángel, comprendió que estaba muerto, que ya no tenía cuerpo. Al darse cuenta, se puso histérico y casi perdió la razón.

Como ocurre en el caso de las muertes repentinas e inesperadas, Miguel fue llevado por los ángeles, amable pero firmemente, a un lugar en el que poder descansar. Su alma necesitaba ese intermedio para desasociarse de los acontecimientos relacionados con su muerte y para reintegrar sus emociones, su mente y su espíritu.

Miguel se puso histérico porque pudo ver el estado de la Tierra, y tuvo miedo de no tener otra oportunidad de encarnar, de seguir un sendero espiritual, de tomar las decisiones correctas para saldar su karma, su deuda con la vida, y conseguir reunirse con Dios.

Todos hemos oído la historia del hombre que, a punto de morir, ve discurrir toda su vida ante sí. De hecho, eso es cierto. Lo que apareció como un destello ante Miguel cuando este se dio cuenta de que estaba muerto fue su vida, dónde se desvió del Sendero y lo que el futuro le tenía guardado. Lo vio todo en unos segundos: pasado, presente y futuro, todo ello en ese momento. No estaba en buenas circunstancias y le iba a costar mucho trabajo llegar al punto en el que deseaba encontrarse.

La fuerza sutil que actuó en Miguel fue la fuerza del suicidio. De hecho, Miguel se suicidó espiritualmente mucho antes de morir, y fue una fácil presa de las fuerzas que querían su cuerpo y su luz, primero por medio de la cocaína y luego mediante la muerte. Quizá él no quisiera morir, pero tomó conscientemente la decisión de ir por un camino que conducía a ese fin.

Lo que le ocurrió a Miguel nos debería preocupar mucho a todos. Dios nos da mucha libertad para que tomemos nuestras propias decisiones en la vida. Miguel dio por sentada esa libertad y pensó que, puesto que conocía el sendero espiritual, podía dominar esas cosas. Pensó que, de algún modo, podía juguetear con la cocaína y salir indemne. Pero se desvió, sin darse cuenta de que se dirigía hacia las mismísimas fauces de la muerte. Y cuando llegó el momento de realizar la transición, ni siquiera supo, por la confusión de las drogas, que había dejado atrás su cuerpo.

Miguel era un hombre agradable. Era el que daba vida y ánimo a la fiesta y tenía un corazón lleno de amor. Pero eso no fue suficiente. El don de la vida que se le concedió le proporcionó una oportunidad, pero la desperdició a sabiendas.

Tras un breve período de descanso, es probable que Miguel deba volver en otro cuerpo, aunque con la habitual práctica del aborto puede resultar difícil conseguir un cuerpo en el que nacer.

Con suerte, tendrá unos padres y maestros que le ayudarán a tomar las decisiones correctas a medida que vaya madurando. Pero también se topará con sus viejas costumbres e impulsos acumulados. Afrontará situaciones y circunstancias parecidas, y deberá aprender las lecciones que debió aprender en la vida que desperdició.

Si Miguel nos pudiera hablar ahora, diría: «No mereció la pena. ¡No lo hagas! Valora la vida que tienes y aprende bien las lecciones».

Hemos vivido antes

Existen causas multifacéticas del suicidio y del comportamiento autodestructivo que hoy día exhiben los adolescentes. No podemos simplemente atribuirlo todo a un único aspecto de las muchas complejidades que rodean a nuestros jóvenes. Sin embargo, sí hemos de considerar el elemento del karma y el papel que juegan los impulsos acumulados de otras vidas en las decisiones que toma el alma.

Y mientras que los conceptos de karma y reencarnación a veces son controvertidos en Occidente, vemos que nos pueden brindar una comprensión más profunda sobre algunas de las complejas preguntas espirituales acerca de la vida, así como un profundo entendimiento sobre por qué la gente se suicida y por qué ello supone un paso atrás tan importante para el alma.

Tomemos el siguiente ejemplo del periódico *Washington Times* del 27 de septiembre de 1994. James Cooke, un empleado de la ciudad de Los Ángeles, se fue a vivir tras jubilarse a una zona rural del estado de Minnesota con su esposa, Lois, y sus dos hijas adolescentes adoptadas. Se llevaba bien con sus vecinos y se puso a trabajar ordeñando vacas.

En septiembre de 1994, James, de sesenta y tres años de edad, descubrió que Lois le había dicho a la policía que él estaba abusando sexualmente de sus hijas. James mató a las tres, disparando en la espalda a Lois y a las dos niñas, Holly y Nicole, mientras dormían en la cama. Luego se quitó la vida. En la nota que dejó, pidió perdón por los asesinatos, pero no admitió haber abusado sexualmente de las niñas.

¿A dónde irá el alma del Sr. Cooke cuando llegue al otro lado? ¿Al infierno o al cielo? ¿Realmente Dios le enviará a que se queme en el infierno para siempre? ¿Obtendrá alguna vez una oportunidad de compensar sus últimos actos desesperados?

Si el infierno no existe o si Dios no lo envía allá, ¿irá al cielo? Suponiendo que Holly, Nicole y Lois fueran al cielo, ¿tendrán que compartir su vida con su asesino por toda la eternidad? La primera alternativa carece de misericordia; la segunda, de justicia.

Solo la reencarnación ofrece una solución satisfactoria: el Sr. Cooke debe regresar y dar vida a aquellos a quienes se la quitó. Ellas deben reencarnar para terminar el plan de su vida y él debe servirles para compensar el dolor que causó. Los cuatro necesitan una oportunidad en la Tierra, igual que muchas otras personas que mueren de forma prematura.

Mucha gente, cuya tradición religiosa excluye la reencarnación, se queda en blanco ante preguntas como: «¿Por qué Dios permite que mueran niños y bebés? ¿Y qué hay de los adolescentes muertos a causa de conductores embriagados? ¿Por qué deben siquiera venir al mundo, si su vida va a ser tan corta?». «¿Por qué, Señor, por qué me diste a Johnny? ¿Solo para permitir que se lo llevara la leucemia?».

¿Qué deberían decir los sacerdotes y ministros? Su preparación ofrece respuestas tan insípidas como: «Debe formar parte del plan que Dios tiene» o «No podemos comprender sus propósitos». Al menos podrían sugerir que un hijo amado fallecido estuvo con nosotros para enseñarnos cosas sobre el amor y ahora se ha marchado al cielo con Jesús.

La reencarnación es una solución mucho más satisfactoria para estas antiquísimas preguntas sobre la vida. Los principios del karma y la reencarnación nos pueden ayudar a entender muchas de las dificultades de la vida. Con una comprensión más profunda sobre cuál es nuestro sitio en el universo, podemos desarrollar un nuevo conocimiento sobre el impacto del suicidio.

La vida no es un deporte de espectadores. Recogemos lo que sembramos, ayer, hace cinco minutos y hace diez mil años. Pero no siempre lo hacemos inmediatamente. Dios ha ordenado los ciclos y las leyes de su universo y muchos de nosotros no recogemos en una vida determinada lo que hemos sembrado en esa misma vida. Pero, al mismo tiempo, con el paso de los ciclos, la energía que hemos emitido nos regresará.

El suicidio es una elección que hace que incurramos en un gran karma. Incurrimos en karma con todas las personas a quienes hacemos daño con esa acción autodestructiva, incluyendo a nuestra propia alma. Y la ley kármica dicta que regresemos a la vida inmediatamente para rectificar ese error de juicio y servir a quienes hayamos hecho daño con nuestras acciones.

En el Nuevo Testamento está escrito: «Dios no puede ser burlado: pues todo lo que el hombre sembrare, eso también segará»[3]. Eso significa que no podemos ignorar la ley del karma que Dios ha creado ni pensar que no estamos sujetos a ella. Aquello que hagamos, al final nos exigirá un ajuste de cuentas.

Si al final de una vida acabamos con una gran deuda kármica a pagar, como ocurre en el caso del suicidio, Dios nos devuelve a la vida para que enderecemos las cosas. La reencarnación es una solución misericordiosa cuando se la compara con la idea de que, al término de una vida, está el cielo o el infierno. La reencarnación nos ofrece la oportunidad de regresar, de enmendar las cosas y terminar nuestra misión.

Algunos de los indicios más convincentes sobre la reencarnación se encuentran en los recuerdos de vidas pasadas de niños y adolescentes. Esas experiencias son algo mucho más normal de lo que creemos, y muchos niños, incluso los muy pequeños, espontáneamente recuerdan detalles de vidas anteriores: su familia y ocupaciones, lo que les ocurrió la última vez que murieron, las experiencias que tuvieron en la vida. Con frecuencia, solo recuerdan una pequeña parte de la experiencia.

Una tarde, Celia, de siete años de edad, llegó corriendo hasta su madre y exclamó con emoción: «¡Mamá, me acuerdo de algo que hice antes!». «¿A qué te refieres, cariño?», le preguntó su madre.

Celia se explicó: «Estaba jugando con Sofi [su perrito] y, de repente, me encontré sentada en una colina viendo cómo se quemaba una ciudad. Y yo era grande, como tú. ¿Cómo es que puedo estar en dos sitios a la vez?».

Su madre se quedó perpleja. «¿Había alguien contigo en la colina?», le preguntó. «No, estaba sola, pero no tenía miedo. Solo miraba al fuego. Es como que no podía hacer nada. ¡Y lo importante es que tenía otro cuerpo, un cuerpo de persona mayor!».

La madre de Celia sabía algo sobre las experiencias de vidas pasadas, por lo que le pidió a su hija que le contara cómo se sintió al estar en otro cuerpo. Celia pensó un momento: «Bien; no pensé en eso hasta que volví a estar aquí. Mamá, ¿crees que fue otra vida que tuve?».

«¿Tú qué crees?», le preguntó su madre. Celia respondió con presteza: «¡Pues eso es exactamente lo que creo yo! Gracias mamá». Y Celia se marchó a jugar con su perrito.*

Los adultos también pueden captar espontáneamente un vislumbre de una vida pasada. En un grupo de estudio espiritual, estando en meditación, John vio cómo formaba parte de una solemne procesión de monjes franciscanos. Al mismo tiempo,

---

* El libro de Carol Bowman, *Children's Past Lives: How Past Live Memories Affect Your Child* (Las vidas pasadas de los niños: cómo afectan los recuerdos de vidas pasadas a tu hijo), ofrece muchos ejemplos verídicos e indicios fascinantes sobre los recuerdos de vidas pasadas de los niños.

una mujer del grupo sintió cómo le observaba en la procesión desde su perspectiva en un convento, como monja. Cuando la meditación terminó, John contó esa conmovedora experiencia y la mujer se le unió, ofreciendo su perspectiva del mismo acontecimiento. Los dos están de acuerdo en que no puede ser una coincidencia y debe tratarse de una vida pasada.

Muchas personas también tienen recuerdos de vidas pasadas mediante la hipnosis, y los estudios que utilizan la hipnosis han proporcionado muchos conocimientos sobre cómo pueden afectar a las personas los impulsos acumulados de vidas pasadas y los recuerdos.

Sin embargo, aunque esos estudios han generado importantes hallazgos, el intento de averiguar cosas sobre vidas pasadas es peligroso, especialmente si ello implica la hipnosis como medio para esa finalidad. La hipnosis, aunque se utilice con la mejor de las intenciones, puede hacernos vulnerables espiritualmente; puede someternos a elementos del subconsciente y el inconsciente del hipnotizador. Además, a través de la hipnosis podemos descubrir prematuramente registros de acontecimientos de vidas pasadas careciendo de la preparación para afrontarlos. Es mucho mejor permitir que nuestro Yo Superior nos revele lo que nos haga falta saber, si lo debemos conocer y cuándo lo debemos conocer.

Pruebas ya afrontadas en el pasado

Un interesante hallazgo a partir del estudio realizado sobre recuerdos de vidas pasadas de niños y adultos es el hecho de que, a veces, una persona que se suicida en esta vida, o que intenta hacerlo, ha afrontado esa misma prueba en una vida anterior. Si ese es el caso, ello puede ciertamente influir en cómo la persona reaccione en el presente.

Cada vez que cometemos un acto negativo, iniciamos un impulso acumulativo. Y cada vez que repetimos un acto negativo en particular, es como si añadiéramos una espira a un electroimán. Para el electroimán, el número de espiras del alambre determina la fuerza del imán. De modo parecido, cuantas veces repitamos un acto negativo determinará la fuerza del hábito negativo. Es como reforzar una espiral de energía negativa alrededor del núcleo del ser. El hábito se vuelve cada vez más difícil de romper.

Al estudiar vidas pasadas descubrimos que hay personas que se han suicidado vida tras vida. Y esta posibilidad es algo que debemos considerar cuando lidiemos con gente bajo la presión del suicidio.

Jake, un joven de poco más de veinte años de edad, recuerda cómo se quitó la vida la última vez y cree que lo ha hecho en otras vidas también. En esta, está decidido a no ceder a los pensamientos suicidas, pero tiene un problema de depresión y de menosprecio hacia sí mismo. Aunque tiene los pies bien plantados en el sendero ascendente y no quiere repetir su error, está descubriendo que es difícil vencer la depresión.

◄ Comprender el suicidio ►

Jake siente alivio solo cuando se concentra en sus oraciones y el trabajo espiritual. Cuando invoca suficiente luz de Dios, siente un estímulo casi instantáneo, que le dura un tiempo. Pero si se olvida de su práctica espiritual, la depresión vuelve insidiosamente.

Esto es una circunstancia kármica de la cual Jake es bien consciente y está decidido a superar tal dificultad y seguir un rumbo distinto en esta vida. Esa decisión, junto con su trabajo espiritual, probablemente le proporcionará la victoria, si se mantiene alerta. Pero su batalla contra la depresión durará muchos años y, quizá, toda su vida, dependiendo de lo fuerte que sea el impulso acumulado.

Podemos ver ilustrada en la experiencia de Jake la ley universal del karma, que exige a la gente que se suicida que, antes o después, llegue al punto en que deba afrontar la misma prueba otra vez. Los impulsos acumulados del pasado pueden y deben ser superados. El ciclo ha de romperse; de no hacerlo, otra espira se enroscará en la bobina y ello exigirá más esfuerzo en la superación de la atracción del suicidio en la siguiente vida.

Sin embargo, no podemos utilizar impulsos acumulados de vidas pasadas como una escapatoria. No podemos simplemente decir: «Bueno, esto ya lo he hecho antes, por eso lo hago ahora. Soy así». Podemos sentir compasión y comprender por qué alguien pueda sentir tentaciones, pero no podemos utilizar eso como excusa. Los ciclos y los patrones autodestructivos *pueden romperse* y se pueden formar nuevas rutas a seguir.

Sin embargo, hace falta trabajar por ello en todos los niveles del ser: mental, emocional y físicamente, así como espiritualmente.

El alma desea pasar las pruebas

Se dice que Dios no nos da más de lo que podemos afrontar en la vida ni prueba alguna que no podamos pasar.

Antes de esta vida, los ángeles y los maestros de luz nos enseñaron. Los ángeles nos informaron de las pruebas que deberíamos pasar y también nos informaron de la exacta ecuación del karma que deberíamos saldar. Si hemos fallado en la prueba del suicidio en una vida anterior, ellos nos habrán dicho: «Esta vez debes permanecer, afrontar y conquistar la energía y el impulso acumulado del suicidio. Debes afirmar la vida y tomar la decisión de no ponerle fin.

»Habrá personas que te ayudarán, pero tú deberás cumplir la parte que te corresponde. Deberás resistir la tentación de tomar lo que parecerá ser una fácil salida. Luego deberás continuar y cumplir tu plan divino con alegría y un gran amor».

Es una pena que al nacer no recibamos un manual de instrucciones para la vida, pues la preparación fue muy completa y detallada. Sin embargo, nuestro Yo Superior y nuestra alma contienen el conocimiento a niveles internos al que se puede acceder mediante la oración y la guía interior. Si permanecemos atentos, veremos que las circunstancias de la vida también procuran enseñarnos esas lecciones.

Judy, una joven que celebraba la mayoría de edad tras cumplir veintiún años, se juntó con malas compañías y sufrió una sobredosis de alcohol y barbitúricos. Tenía suficiente buen karma para que, mientras se encontraba inconsciente, su alma fuera conducida a las octavas de luz donde le recordaron las promesas que le hizo a Dios antes de esta vida. Su misión era la de rescatar a otras almas atrapadas en circunstancias similares. Al contrario, ella se había desesperanzado tanto con sus precarias circunstancias, que se había rendido.

Cuando se dio cuenta de lo que había hecho se enfadó mucho. Suplicó a Dios que le diera una oportunidad inmediatamente para que pudiera enderezar las cosas. Sus consejeros espirituales le advirtieron de que, aunque ella entendía las directrices, debía volver a afrontar la prueba.

Cuando su psicóloga, Marilyn, llegó al hospital, Judy había recobrado la conciencia y se sentía fatal físicamente, pero estaba decidida emocionalmente. Los médicos habían podido salvarle la vida, pero sabía que dependía de ella el que se salvara su alma. Así, tan pronto como fue capaz de pensar con cierta claridad, ella y Marilyn establecieron una estrategia.

Marilyn fue muy severa con Judy por su bien, algo que esta aceptó. Prometió hacer caso de las directrices que le habían dado sus consejeros espirituales y se comprometió a asistir a las reuniones de Alcohólicos Anónimos (A.A.) y Narcóticos Anónimos (N.A.). «Sé que va a ser duro —dijo Judy— pero ahí arriba tengo unos excelentes consejeros espirituales. No me puedo permitir decepcionarme a mí misma ni a ellos».

Judy empezaba cada día afirmando su deseo de vivir y rezando y haciendo llamados para limpiar el impulso acumulado del suicidio y las fuerzas de la oscuridad que hay detrás de él. Y cuando las cosas se pusieron difíciles, mantuvo su palabra. Cada vez que se sentía vulnerable o sentía lástima de sí misma, se ponía en contacto con su patrocinador de Alcohólicos Anónimos o Narcóticos Anónimos para que le dieran apoyo o llamaba a Marilyn para recibir otra charla severa, pero llena de amor.

Una vez situada en el camino hacia la recuperación, Judy

comenzó a ofrecer la ayuda que ella misma había recibido a otra muchacha, Pamela, que estaba pasando por unas circunstancias parecidas. Las dos hicieron un pacto de apoyarse mutuamente.

Judy llamó hace poco para decir que aún estaba en el planeta Tierra y se sentía bastante bien consigo misma. Ahora tiene veinticinco años de edad y, como ella misma dice, ella y Pamela todavía van «por el buen camino». Asisten regularmente a N.A. y A.A. y patrocinan conjuntamente a una joven muchacha que les recuerda a ellas mismas hace cuatro años.

Judy ha puesto en perspectiva su experiencia con las malas compañías: «Ese período de mi vida en el que me hice mayor de edad fue una fiesta de la que me arrepiento, pero también supuso un toque de atención al que he hecho caso. Dios me dio otra oportunidad y no voy a decepcionarle ni me voy a decepcionar a mí misma».

Tu alma es consciente de las pruebas que has de pasar y desea intensamente que las pases. Ella conoce el fin desde el principio. Tu alma sabe por qué encarnaste, por qué elegiste la familia en la que naciste y por qué necesitas estar con las personas a las que conoces y con las que trabajas todos los días. Tu alma sabe de quién debes enamorarte y con quién has de casarte y las almas a las que traerás como hijos en tu familia.

Tu alma también conoce las dificultades a las que te enfrentarás y sabe cómo superarlas. Ella conoce exactamente el karma que has acordado saldar e incluso cómo saldarlo.

Junto con tus consejeros espirituales, tú lo planificaste todo con sorprendente detalle antes de nacer. Muchas veces escogiste las circunstancias difíciles que ahora afrontas precisamente porque sabías que sería la mejor forma de pasar por esos problemas rápidamente y saldar la mayor cantidad de karma.

Un paquete ante la puerta todos los días

Hemos hablado del karma como un elemento clave para comprender el suicidio, y karma es una palabra que se ha deslizado en el vocabulario de hoy día. Pero, ¿qué es el karma exactamente y cómo funciona?

El karma es la ley de causa y efecto: recogemos lo que sembramos. Todo lo que hacemos, pensamos y sentimos produce resultados en el mundo en que vivimos.

Cuando arrojamos una piedra al estanque, las ondas llegan hasta la orilla más distante. Lo mismo ocurre en nuestra vida. Todo lo que hay en la vida es energía y esta no se crea ni se destruye. Todos tenemos un efecto sobre el mundo, igual que el mundo tiene un efecto sobre nosotros y lo que hacemos a los demás nos regresa, reuniendo con frecuencia más de lo mismo antes de llegar hasta nosotros para ajustar cuentas.

Si emitimos amor y bondad, amor y bondad es lo que nos regresará por las suaves corrientes de la marea universal. Si nos comportamos de forma desagradable, esa energía negativa también regresará para que la equilibremos, muchas veces como olas estrellándose contra las orillas de nuestro ser.

Al término de cada día, los ángeles registradores calcularán nuestra puntuación. ¿Tendremos un saldo positivo o negativo en el libro de cuentas de la vida? Cada día tenemos la oportunidad de crear karma positivo o negativo mediante pensamientos, sentimientos, acciones y palabras buenas o malas. Solo a nosotros nos corresponde la decisión, y Dios no interferirá con nuestro libre albedrío. Él quiere que vivamos las consecuencias de nuestras decisiones.

Incurrimos en karma negativo cuando emitimos pensamientos y sentimientos dañinos, cuando realizamos actos dañinos y malos, cuando utilizamos palabras desagradables e hirientes. También podemos incurrir en karma debido a los actos de omisión, cuando no decimos lo que pensamos o no actuamos cuando deberíamos hacerlo, cuando nos permitimos perder oportunidades.

Creamos buen karma al ayudar y servir a los demás; al dar amor y compasión y al emitir pensamientos de paz; al dar los pasos correctos y al defender la verdad; y al defender la vida, especialmente cuando la vida está indefensa.

Aunque el universo exige que toda la energía negativa que hayamos emitido nos regrese, la misericordia de Dios permite que todo ese karma no regrese a la vez. (Si lo hiciera, la mayoría de nosotros nos encontraríamos en un estado penoso; o ni siquiera estaríamos encarnados). Pero cada día los ángeles ponen ante nuestra puerta un pequeño paquete de deuda kármica. Si saldamos ese paquete de karma todos los días, podremos progresar mucho. Si permitimos que esos incrementos de karma se vayan acumulando, pueden terminar abrumándonos.

El universo entero funciona por ciclos, desde las órbitas de las estrellas y los planetas hasta los procesos de los átomos y las células. Al igual que vemos el funcionamiento de los ciclos en la vida a todo nuestro alrededor, el regreso del karma se basa en ciclos. Como un mecanismo en perfecto funcionamiento, esos ciclos se desarrollan de una manera ordenada a lo largo de nuestra vida.

Los niños, habitualmente, no tienen que afrontar su karma hasta alcanzar la edad de doce años. Tienen doce años para acostumbrarse a la vida en la Tierra, para prepararse para las tareas que han de llegar, para adquirir una buena base sobre la ley espiritual y desarrollar un conocimiento sobre el significado del amor; todo ello como preparación para las pruebas que les esperan.

La conversación que Jesús tuvo con los instructores del templo es el signo de esa edad: el alma que ha aprendido las bases del Sendero y los principios espirituales de la vida. En el judaísmo esto está demarcado con el Bar Mitzvá y en algunas iglesias cristianas con el ritual de la confirmación.

A la edad de doce años desciende el primer incremento de karma, con frecuencia anunciando las dificultades de los siguientes años de adolescencia. No es ningún accidente que observemos la llegada de problemas durante los años de adolescencia, pero con el incremento de karma llega más luz para afrontar y superar ese karma. Si el niño y los padres son conscientes del karma que está regresando, pueden afrontarlo orando y realizando el trabajo espiritual con amor y comprensión.

Al cumplir catorce años, observamos que la persona debe conseguir un dominio específico sobre el karma que vence a esa edad. Este incremento de karma es un impulso acumulado de temor y dudas, que incluye todos los registros pasados de la experiencia y la iniciación de la muerte.

A esta edad el adolescente frecuentemente afronta un gran tormento al lidiar con estos registros de muerte de vidas pasadas. Es un período en el que los jóvenes de todo el mundo piensan en el suicidio y las formas de violencia que se producen cuando no entienden que sus problemas pueden provenir de antiguos impulsos acumulados.

Afortunadamente, a esta edad el adolescente también tiene un mayor acceso a su Yo Superior. Es de esperar que el joven y los padres sean conscientes del Yo Superior y los ángeles de la guarda, y que trabajen con ellos. Necesitarán esa ayuda para afrontar los desafíos de esos años.

El impulso autodestructivo

Jim era un muchacho de catorce años que tenía una tendencia autodestructiva subconsciente y no lo sabía. Esto culminó en una serie de desastres: primero, una forma de esquiar temeraria, con la que se rompió una pierna; segundo, un traumatismo cervical producido por un accidente al ir conduciendo el automóvil familiar que se llevó sin permiso (sin licencia, solo con un permiso para aprendices que requieren de un acompañante adulto); tercero, una fortísima y casi letal reacción a la marihuana, durante la cual tuvo alucinaciones y de la que casi no sale vivo. Tras ese episodio, Jim entraba repetidamente en un estado alucinatorio, aunque ya no consumía marihuana ni ninguna otra droga.

Su madre hizo una cita con Marilyn, y Jim se vio lo suficientemente conmocionado por todo lo ocurrido como para acudir. Jim fue honesto con respecto a su situación, lo cual era un buen comienzo. «No sé exactamente qué pasa —le dijo— pero es como si al drogarme, ese estado me controlara, y pronto pierdo el control. La cosa empeoró desde que consumí marihuana, que me parece estaba mezclada con otra droga. Pero lo que me asusta más es que no puedo controlar los efectos que sufro, aparecen de la nada y ya no consumo drogas. ¿Crees que sea porque Dios me está castigando?».

Estaba bien claro que la vida de este joven iba en dirección al desastre. Iba a necesitar ayuda tanto psicológica como espiritual. Marilyn le explicó que Dios no lo estaba castigando, que él mismo se había estado autodestruyendo, pero que podía dar la vuelta a las cosas. Durante el curso de su terapia, que él se tomó en serio, ella le contó una historia de su propia vida.

Cuando tenía catorce años, Marilyn sintió curiosidad por el libro de Charles Sheldon, *Tras sus pasos (In His Steps)*, en el cual el pastor de una iglesia y varios feligreses deciden que durante unos años no realizarán nada importante sin preguntarse: «¿Qué haría Jesús?». Esa sencilla pregunta volvió del revés a esa iglesia.

Marilyn decidió que ella también iba a preguntarse antes de entrar en acción: «¿Qué haría Jesús?». Cuando rezaba y le pedía a Jesús que le ayudara a saber qué hacer, ella siempre supo exactamente lo que Él haría. Pero no siempre quería hacerlo y se dio cuenta de que una parte de sí misma la estaba desviando, por lo que decidió darle la mano a Jesús y afrontarlo.

A Jim le explicó: «Ese fue un año importante en mi vida, caminando y hablando con Jesús. A veces gané; a veces perdí. Pero maduré mucho, espiritual y emocionalmente. Y hasta el día de hoy, cuando tengo dudas sobre la acción correcta, me pregunto: "¿Qué haría Jesús?"».

Jim reflexionó sobre la historia y decidió ponerse serio y cambiar algunas cosas en su vida. «A mí Jesús también me importa», dijo. «No sé si puedo hacer lo que hacías tú, pero entiendo el mensaje. Quisiera darle la vuelta a mi vida antes de matarme accidentalmente. Y estoy seguro de que Jesús está de acuerdo con eso». De vez en cuando, Jim se esforzaba y contaba durante la terapia cualquier situación con la que necesitaba ayuda. Llegó a comprender que lo que le motivaba era las emociones fuertes que sentía al hacer esas cosas y decidió dejar de buscarlas de una forma autodestructiva. A Jim le hizo falta rezar mucho, autoexaminarse y practicar mucho para ser capaz de darse cuenta al instante cuando estaba actuando de forma autodestructiva; y luego para anticiparse a ello y evitar que llegara a producirse.

Jim también tuvo que cambiar de compañías, y sus padres le ayudaron (con gran disgusto para él) prohibiéndole que tuviera ningún contacto con ellas. Se concentró en el deporte durante la escuela secundaria como una forma de canalizar la gran cantidad de energía que tenía. También realizó un trabajo espiritual (rezando y practicando algunas técnicas espirituales de las que hablaremos en este libro). Y sacó buenas notas porque sus padres así lo estipularon, si es que quería continuar haciendo deporte.

Cuando terminó la terapia un año después, se graduó de la escuela secundaria con un notable alto de nota media y se dirigió a la universidad, y dejó atrás las emociones fuertes. «Me alegro mucho de que mis padres se pusieran fuertes conmigo, y que tú también fueras honesta conmigo», dijo. «Me gusta la idea de cambiar esa actitud autodestructiva. ¡Tengo muchos motivos para vivir!». Cuando Marilyn le felicitó, él dijo: «Siempre he valorado lo que me dijiste sobre Jesús y tú. Él también he sido un buen amigo mío».

A los catorce años de edad se produce un descenso de energía espiritual, un aumento de maestría Divina, que tiene el propósito de convertirse en un camino con Jesús. El maestro Jesús caminó por la Tierra y vivió su adolescencia, igual que los jóvenes de hoy día. Su infancia, sobre las rodillas de su madre y aprendiendo carpintería al lado de su padre, San José, fue un importante período de preparación que formó al muchacho que se convertiría en hombre y después en maestro.

Comprender la vida de Cristo puede suponer un enorme baluarte en la vida del adolescente, el joven o el adulto; comprender las enseñanzas de Jesús, sus palabras y sus consejos. Podemos sentir una íntima comunión con Jesús que nos da fuerzas para afrontar nuestras dificultades, para caminar por el camino de la maestría e incluso para superar la tentación de suicidarse.

Recuerda que Jesús nos ha dicho: «Confiad, yo he vencido al mundo»[4]. Y siguiendo sus pasos, nosotros también podemos.

Los padres, maestros y patrocinadores de la juventud que son inteligentes pueden ayudar a niños y adolescentes a desarrollar una relación muy personal con este amado maestro.

Desenfreno temerario

Para los jóvenes sanos, proponerse algo como matarse (y muchas veces matar a otras personas como consecuencia) es algo totalmente extraño pero las fuerzas del suicidio realizan estratagemas que pueden atrapar a las almas más sofisticadas; y por debajo, algunas veces descubrimos que el desenfreno temerario que puede llegar a controlar a los jóvenes indica una mentalidad subconsciente que es, esencialmente, suicida.

Sin embargo, esa no es la forma en que la persona joven ve las cosas. Alguien atrapado en ese estado de conciencia habitualmente explicará una actividad peligrosa como «algo emocionante, una aventura, una descarga de adrenalina». Físicamente, la descarga de adrenalina puede crear adicción, y la emoción también lo puede hacer psicológicamente.

Sin duda es cierto que a veces la gente afronta decisiones en la vida en las que ha de hacer cosas peligrosas, pero esto es muy distinto a la conciencia temeraria. Por ejemplo, un soldado de los marines que se encuentra en el frente de batalla o en una peligrosa misión puede tener unas probabilidades de morir que otras personas podrían considerar prácticamente como un suicidio. Sin embargo, no es un suicidio, sino un sacrificio supremo: dar la vida por los amigos. En esos casos el plan de una vida no se aborta. En realidad, el manifestar un amor más grande al entregar su vida por su país y también para que sus compañeros puedan vivir es algo que puede concordar con el plan de la vida de un soldado. Tales actos altruistas no son considerados como un suicidio ni conllevan ese karma.

La conciencia temeraria es muy distinta: es el arriesgar la vida por la fuerte emoción que eso produce, por la sensación de «escapar a la muerte». La influencia de la fuerza del suicidio que acompaña a tales actividades es fuerte, con posibilidades de acabar con la vida a menos que la persona joven vea el drama tal como es. Y la popularización de esas actividades por parte de la industria del espectáculo es contraproducente. Por desgracia, en el siglo veintiuno existe una relativa carencia de espectáculos que promuevan valores superiores, incluyendo el valor de la vida misma.

Estamos presenciando un derrumbamiento de los valores morales y sociales en muchas culturas de todo el mundo. Esta espiral descendente influye en todos nosotros, especialmente en los jóvenes, cuya vida debe desarrollarse en medio de un malestar cultural. Todo ello es alimento para el suicidio.

Depresión, desánimo y desesperación

Con frecuencia el suicidio va ligado a la depresión, una sensación de desesperanza o desesperación, una incapacidad de ver algo positivo en la vida. Todo el mundo se siente triste algunas veces. Todos sufrimos decepciones, y el dolor por perder a alguien es una reacción normal y sana. Pero cuando la tristeza se vuelve desesperanza o desesperación, cuando una persona ya no puede ver nada positivo en la vida y cuando esos sentimientos duran mucho tiempo, hay razón para preocuparse.

La depresión es una enfermedad médica y psicológica que puede ser el resultado de varias causas: enfermedades, desequilibrios bioquímicos o corporales o reacciones malsanas a las dificultades en la vida. Si no se trata, puede causar mala salud, desesperación y, finalmente, el suicidio.

Los clarividentes pueden ver la depresión como una sustancia oscura y melosa en el aura y un flujo descendente de energía en el cuerpo. También se puede observar como una depresión real de los centros espirituales del cuerpo. Estos centros deben estar llenos de luz, pero en la persona deprimida o suicida son cóncavos o están «hundidos» o «deprimidos».

Aunque la depresión puede provenir de una fuente interior, también puede ser el resultado de circunstancias externas o energías negativas que nos afectan. Bien puede producirse durante la adolescencia, cuando la vida se vuelve difícil: alguien hiere nuestros sentimientos o uno de nuestros amigos nos decepciona o nuestros padres discuten o el trabajo de la escuela parece superarnos o nos fallamos a nosotros mismos de alguna manera.

Cualquiera de esas circunstancias es difícil de manejar y, si no somos capaces de resolver cómo mejorar las cosas, nos podemos deprimir. Y eso es cierto no solo con adolescentes y adultos; los niños también pueden caer en manos de la depresión y el suicidio.

Brian, un niño de nueve años de edad, abatido por los problemas que tenían sus padres, alcanzó las pastillas para dormir del armario y se tomó una sobredosis a propósito. Se asustó cuando empezó a sentirse aturdido y le dijo a su hermano adolescente lo que había hecho. El hermano despertó inmediatamente a sus padres, que se llevaron al niño de urgencia al hospital.

El médico de cabecera salió a recibirlos y se aseguró de que le hicieran un lavado de estómago. Con el permiso de los padres, dejaron la bomba un poco más de lo necesario para que Brian comprendiera que un intento de suicidio tiene consecuencias físicas. Era de esperar que no lo volviera a intentar. Los padres se tomaron el intento de suicidio de su hijo muy en serio. Se esforzaron para resolver sus problemas y después se sometieron a terapia psicológica.

Todos afrontamos la depresión de vez en cuando y en distinta medida. Con frecuencia, esta llega en momentos de difíciles circunstancias en la vida, especialmente en situaciones de cambio o pérdida de un amigo, un ser querido, un trabajo o cualquier elemento significativo en la vida. También puede producirse durante el «tiempo libre», cuando no seguimos las habituales rutinas y el ritmo de la vida.

Un maestro en la treintena, a quien los estudiantes amaban mucho y que parecía tener todo a favor, se suicidó durante las vacaciones de Navidad. Considerando todos los momentos del año en los que eso puede suceder, uno no se espera que ocurra en Navidad. Sin embargo, por desgracia, no es algo poco habitual.

◀ Querer vivir ▶

Tal como lo explican psicólogos y ministros religiosos, en este período del año se destacan las esperanzas y los ideales, y el contraste entre el ideal y la realidad de las circunstancias de una persona puede ser desalentador. Esto es cierto especialmente en aquellos que pasan la Navidad a solas. Tristemente, el resultado final puede ser la desesperación... y un intento de suicidio.

Todos nos vemos obligados a afrontar la tristeza, la pérdida de seres humanos y el dolor. Y mucha gente se siente deprimida de vez en cuando. Pero para algunas personas, esto se convierte en una espiral que no hace más que bajar y termina en depresión. Sea cual sea la causa, la depresión debilita nuestro cuerpo y nuestra alma. Así, es importante tratar profesionalmente (y con medicamentos si fuera necesario) la depresión que dure más de dos semanas o que afecte a la vida de la persona gravemente.

La muerte dulce

Todos somos conscientes de los casos obvios de suicidio, aquellos en los que la gente se quita la vida de forma súbita. Pero también existen formas de suicidio más sutiles. Algunas personas están embelesadas cada vez más en una muerte por autohipnosis. Su muerte es insidiosa porque es gradual. Se van deslizando lejos de su individualidad mientras el cuerpo y los sentidos superficiales siguen en movimiento. Es una muerte de conciencia, de sensibilidad hacia la vida... de voluntad de ser.

Este proceso gradual de autodestrucción se denomina «muerte dulce». Mucha gente joven vive con el espectáculo diario de esta muerte azucarada. Engañándose a sí mismos, no se dan cuenta de que ya no existe la libertad de elección, la libertad de elegir ser o no ser, vida o muerte. La vida ya no es Real. La única elección es: ¿una muerte de qué color, de qué sabor?

Luego está el «suicidio lento». Si somos honestos, nos daremos cuenta de que las decisiones equivocadas que tomamos en nuestra vida pueden conducirnos al suicidio. Hay muchas formas de acortar nuestra vida, las cuales pueden estar relacionadas con una dieta errónea, con el comer demasiado o demasiado poco, beber alcohol, consumir medicamentos que no necesitan receta, fumar; existen muchos hábitos que nos acortan la vida.

A la luz del entendimiento espiritual, hemos de mirar las elecciones que hacemos para ver si estas afirman la vida. Si no lo hacen, entonces nos convendría abandonarlas y sustituirlas con hábitos y elecciones que nos den la fortaleza y la vitalidad para vivir una larga vida de amor, compasión y servicio a los demás.

Estilos de vida autodestructivos

La muerte llega con muchos disfraces. Cada día hay personas que se matan por voluntad propia y a sabiendas mediante adicciones, despilfarrando la fuerza vital, no prestando atención a la salud, comiendo alimentos que no les convienen, siendo negativas en sus pensamientos y sentimientos, escupiendo odio y recibiéndolo en la corriente de regreso. Se la juegan con la muerte al asumir riesgos innecesarios, conduciendo peligrosamente y, generalmente, «viviendo al límite». Existen muchas formas en las que la gente niega la vida.

Fundamentalmente, esos hábitos negativos son una forma de autodestrucción consciente o inconsciente e indican odio hacia uno mismo o abatimiento. La descarga de adrenalina que acompaña a muchas de esas actividades que acortan la vida acelera la espiral descendente. Cuando la adrenalina se descarga, es difícil darse cuenta de que la aparente emoción intensa es un sendero de destrucción. Como dice con remordimiento Joe, un adolescente que se está recuperando de una sobredosis de anfetaminas: «Cuando más alto vueles, más fuerte te estrellarás».

Enfermedades como la anorexia nerviosa y la bulimia también pueden ser manifestaciones psicológicas de un impulso suicida, con frecuencia fuera del control del alma que está abrumada por esas enfermedades. Estos patrones de comportamiento necesitan tratamiento, muchas oraciones y un trabajo espiritual. Los jóvenes con problemas para vencer estos patrones compulsivos también necesitan que amigos y seres queridos los

◂ Comprender el suicidio ▸

comprendan con amor y les apoyen moralmente.

Sonja, una modelo de diecisiete años, se convenció de que debía vivir de esa forma desgraciada sin entender. De Sonja se esperaba que mantuviera una figura delgada y sexy, lo cual le exigía estar a dieta constantemente. Su cuerpo decía: «¡Estoy hambrienta!; y entonces se daba una comilona para contentar a su cuerpo. Luego vomitaba para poder mantenerse delgada y seguir con el contrato de modelo.

Afortunadamente, Sonja tenía un novio comprensivo que la amaba demasiado para dejarla seguir por ese camino. Él fue su defensor cuando ella decidió dejar de ser modelo. Y él fue quien la convenció para que les dijera a sus padres lo que le estaba sucediendo.

Todos, incluso las amigas que convencieron a Sonja para que se hiciera modelo, decidieron que ella tenía muchas más cosas a su favor que su figura. Con el apoyo de la familia y los amigos, Sonja superó el tratamiento médico y la renovación que llevó a cabo de la imagen que ella tenía de sí misma.

La última vez que supimos algo de ella, estaba animada, y su nota media en los estudios había subido. «Los cuerpos delgados y provocativos están enormemente sobrevalorados. Prefiero estar sana y cuerda. Además, quiero hacer carrera profesional en el área del trabajo social y para eso necesito estudios universitarios. Y voy a conseguirlo».

Sonja es solo una entre muchas personas jóvenes que han cambiado su modo de vida autodestructivo a mejor un estilo de vida. En todos los casos, la decisión y el trabajo duro han sido necesarios, pero quienes lo han conseguido están de acuerdo en que el esfuerzo ha merecido mucho la pena. Han enderezado su vida, sus amigos y la red de apoyo que han desarrollado continúan como un cinturón de seguridad cuando la vida se vuelve difícil.

◄ Querer vivir ►

El apoyo de amigos y seres queridos, junto con la ayuda profesional según sea necesaria, son importantes ingredientes para tener éxito. Si tienes amigos atrapados en estilos de vida autodestructivos, diles que pueden cambiar las cosas, y ayúdales a que consigan la ayuda que necesitan para obtener la victoria.

En el cielo muy recientemente

Si hablamos con jóvenes, muchos nos dirán que anhelan la pureza que una vez conocieron. Puede ser que anhelen la inocencia de la niñez, pero también tienen un recuerdo de vivencias anteriores en las octavas de luz.

Al alma que ha llegado muy recientemente del mundo celestial, le resulta difícil vivir en el plano terrenal con todas sus imperfecciones. Cuando has visto en los niveles internos los mundos que Dios diseñó en el Principio, cuando te han enseñado el propósito y el plan de la vida, cuando un recuerdo latente de perfección y amor agita la mente, es realmente doloroso estar en la Tierra, ver las guerras y las tragedias sabiendo que son cosas que no deberían existir. Esto es un factor que contribuye a aumentar las tendencias suicidas en niños, adolescentes y jóvenes adultos.

Existen muchas almas que encarnan y que están destinadas a ser Cristos y Budas para toda la humanidad, avatares de gran luz. Llegan con una misión y un supremo llamamiento, y deben ser protegidas, pues el mundo no comprende su luz y con frecuencia las condena.

El cielo está muy preocupado por esas almas, pues cuando en el pasado han sido enviadas almas así, muchas se han perdido. Muchas maduraban sin saber quiénes eran o por qué estaban aquí. Algunas se suicidaban porque no podían soportar encontrarse en la confusión de un mundo tan distinto al mundo de luz del que habían llegado recientemente. Los ángeles observaban horrorizados mientras esas almas eran seducidas para drogarse y autodestruirse.

Si esas jóvenes almas se dejaban vencer por el desencanto, además de ser vulnerables a la desesperación, también podían desviarse. Es totalmente comprensible que los jóvenes algunas veces se vean atrapados en el espíritu de la revolución conducidos por el Anticristo. Quieren derrocar todo lo que ven, porque nada concuerda con el concepto interior que tienen, que saben que es verdadero.

La desesperanza y la ira son dos posibles reacciones ante la oscuridad del mundo, pero es mejor afrontar el mundo con compasión, tolerancia y la decisión de marcar una diferencia. Es importante rezar para que estas almas de gran luz —y las almas de todos los niños— reciban la guía que necesitan de padres, maestros y mentores con el fin de que puedan encontrar un camino superior. Reza para que sobrevivan a la difícil niñez y adolescencia y puedan ofrecer sus dones al mundo y cumplir su plan divino.

Reza especialmente por los bebés que aún no han nacido y los pequeños, durante su infancia. Hasta la edad de siete años, existe una gran oportunidad de sellarlos en los fuegos del Cristo y la luz del Buda. Aquello que se imprima en la arcilla de la conciencia durante el período de formación en el vientre y durante los primeros siete años tiene la mayor importancia.

Al rezar, podemos pedir la protección de las huestes angélicas. Si invocamos protección diaria para los niños del mundo, eso es todo lo que necesitan los ángeles para entrar al plano terrenal e interceder. Ellos han prometido que responderán a nuestros llamados. Nosotros tenemos la autoridad para las cosas de este mundo y hasta que no se lo pidamos, los ángeles no podrán aparecer para hacer la voluntad del Padre.

Reza para que estos pequeños sean sellados en el concepto

◄ Comprender el suicidio ►

inmaculado, en el diseño divino del corazón de Dios. Reza para que su plan divino se cumpla en su vida. Ve cómo los rodea la luz blanca de la pureza. Pide que la acción del Sagrado Corazón de Jesús y la Madre del Mundo rodee a estos benditos. Haciendo eso, todos podemos prestar un gran servicio.

Entrevista a Angie Fenimore

Angie Fenimore intentó suicidarse y vivió una experiencia cercana a la muerte. Regresó de esa experiencia, y su vida dio un cambio total. Escribió un libro llamado Más allá de la oscuridad: mi viaje cercano a la muerte al borde del infierno y mi regreso (Beyond the Darkness: My Near-Death Journey to the Edge of Hell and Back), *describiendo sus experiencias.*

En el siguiente extracto de un programa de radio, Elizabeth Clare Prophet entrevista a Angie. Al oír sus experiencias, podemos aprender mucho sobre la ecuación espiritual relativa al suicidio.

P: Todos hemos escuchado las historias de gente que ha atravesado el velo y ha regresado para contarnos cómo es el cielo. Pero hoy nuestra invitada es Angie Fenimore, quien regresó de una experiencia cercana a la muerte que la llevó al borde del infierno.

Angie, eres una esposa y una madre y has tenido una horrorosa experiencia cercana a la muerte cuando intentaste suicidarte. Milagrosamente te devolvieron a la vida y estoy segura de que mucha, mucha gente se ha beneficiado de ese milagro que ocurrió en tu vida; por tanto, háblanos de ello.

R: Claro que sí. Tuve una infancia realmente trágica; muchas cosas horribles que me pasaban me las guardaba dentro; en realidad no las afrontaba en absoluto. Y solo cuando me casé y tuve dos hijos fue que los recuerdos comenzaron a salir a flote, y eso me resultó difícil. Fui a un grupo de apoyo para supervivientes de abusos sexuales, que fue una de las muchas cosas que me ocurrieron.

Para mí, tan solo oír las historias de otras supervivientes hacía que el dolor fuera más intenso. Sentía que mis problemas eran distintos a los de otras mujeres con las que hablaba y comencé a volverme más introvertida y a aislarme de otras personas, y como que vivía en una realidad aparte. Seguía yendo a comprar comida y veía a mis amistades, pero ellas no tenían la menor idea de lo que yo sentía por dentro. No creo que nadie lo supiera realmente, ni siquiera mi esposo.

Y llegué a un punto en el que me sentí incapaz de superar todo eso, simplemente no podía, y me sentí aterrorizada de transmitir esas horribles características a mis hijos, de que fueran a sufrir la misma clase de depresión que yo sufría y pensé que estarían mejor sin mí.

Era enero, yo había ido a comprar comida a una pequeña tienda. En aquella época vivíamos en Okinawa, en Japón, y era una tiendecita en la base, y ni siquiera me molesté en cambiarme de ropa y fui con la ropa deportiva y las zapatillas. Me fui en zapatillas y agarré la leche, me fui a casa y estacioné el automóvil, pero no pude entrar en la casa. Simplemente no podía.

Así es que me marché. Saqué el automóvil y encontré un sitio para pasar la noche. Al día siguiente me fui a ver una película, me fui de compras y me compré unos zapatos y algo de ropa, me lavé la cabeza en el lavabo del cuarto de baño y no llamé a casa. No le dije a nadie dónde estaba. Sentía una terrible y profunda necesidad de escapar, y esa sensación no desaparecía, hiciera lo que hiciera.

Cuando finalmente me fui a casa, estaba destrozada, me sentía desolada por todo lo que le había hecho pasar a mi familia. No podía creer que había sido capaz de herirla tanto. Y creo que fue más tarde, esa misma noche, cuando todos se habían ido a dormir y yo me quedé despierta toda la noche, que decidí que no los iba a hacer sufrir más.

Así es que me corté las venas por las muñecas y me tomé un bote de pastillas, las cuales vomité. Y así, me fui al armario de las medicinas y me tomé todo lo que había en él, despacio; me lo tomé todo poco a poco para no vomitarlo; y después, ya por la mañana, envié a mis hijos a que se quedaran con un vecino. Y entonces es cuando ocurrió.

P: Debe haber sido el punto de inflexión más profundo de tu vida, llegar a las profundidades del infierno y luego volver a subir para poder contarlo.

R: Bueno, lo que sucedió es que yo tenía una madrastra que había vivido una experiencia cercana a la muerte y me la contó, pero eso fue antes de que nadie hablara de las experiencias cercanas a la muerte, por lo que no sabía si creerla y si la experiencia que había tenido era cierta. Eso le ocurrió cuando yo era muy joven, antes de que me conociera, y cuando me lo contó yo tenía probablemente catorce años.

Y me contó que había tenido un accidente automovilístico, y cuando murió se fue al rincón de la sala y la recibieron unos seres de luz que le dijeron que no había llegado su fin, que aún tenía una misión aquí, pero le daban a elegir.

Así es que eso era lo que me esperaba cuando me tumbé en el sofá. Sentí un poder intenso, una energía muy, muy potente, más fuerte de lo que puedo describir, y no sabía si esa energía estaba en la sala o si estaba dentro de mí.

P: ¿Qué fue lo primero que te pasó cuando saliste del cuerpo? ¿Cómo te sentiste?

R: Bueno, debido a lo que me dijo mi madrastra, yo esperaba verme a mí misma tumbada en el sofá desde arriba, en el rincón de la sala. Y abrí los ojos al sentir cómo esa energía me sacaba del cuerpo. Sabía que había abandonado mi cuerpo, pero cuando abrí los ojos, sentí que me devolvían al cuerpo, y eso me ocurrió varias veces. Entonces me di cuenta de que tenía que ejercer mi propia voluntad para que la cosa tuviera lugar, que no era algo natural y que tenía que forzarlo. Así es que me concentré muchísimo, y entonces sucedió.

Lo primero que me ocurrió es que fui directamente a un repaso de mi vida, desde que nací. Pero era desde la perspectiva de todos, la de mi madre, la de todos. Y para mí eso fue probablemente lo más interesante, porque como persona adulta me acordaba de las cosas de una manera completamente distinta a cómo se habían desarrollado en mi vida, y me enseñaron que mis padres me amaban, que pasaron por dificultades como todo el mundo y que se equivocaron como todo el mundo.

Entonces, cuando se acabó el repaso de mi vida, sentí una presencia junto a mí, había alguien conmigo a quien no podía ver, pero volví la cabeza de un lado a otro mirando. Estaba rodeada de una oscuridad; y era una entidad densa y premonitoria. No era solo una ausencia de luz. Esto poseía una energía, una energía muy poderosa. Y al mirar a mi alrededor esperando ver a la gente, lo que vi fue una fila de adolescentes a mi lado. Y al inclinarme para mirarlos, pensé: «Dios mío, somos los suicidas», porque podía ver en sus rostros que estaban muertos en todos los sentidos, que no había esperanza, no había vida ni energía. Y por la forma en que iban vestidos supe que escuchaban el mismo tipo de música que yo, esa clase de música que es muy oscura, la música alternativa.

Y me di cuenta de que mis pensamientos se oían. Al principio no estaba segura de lo que pasaba. Pero al pensar eso, se oyó, y el muchacho que había a mi lado se dio la vuelta para mirarme; y esto fue todo, y apartó la mirada. Y no había nada, nada.

P: En tu libro dices que la música juega un papel muy importante en tu intento de suicidio y en los suicidios de otras personas. ¿Qué importancia tiene realmente la música?

R: Todo tiene una creación espiritual antes de tenerla físicamente, incluyendo la música. Y todos tenemos en nosotros una medida de oscuridad o de luz, y esa medida cambia constantemente. La música es una herramienta muy importante en la alteración del equilibrio dentro de nosotros y dentro del espacio que ocupamos; habitualmente no podemos ver esa oscuridad y esa luz, pero cuando regresé pude verla. Ahora puedo verla en las personas. Pero si no estoy en sintonía ni hago todo lo que sé que debo hacer, eso me abandona.

Cuando suena la música que Dios ha inspirado, la energía cambia y la luz entra en esa zona, en ese espacio. Y probablemente los espíritus que la inspiraron o incluso los espíritus de luz, estarán presentes.

Y eso es lo que ocurre también cuando suena la música oscura. Está inspirada por la oscuridad. Está inspirada por Satanás. Él existe de verdad y tiene un número incontable de ángeles a su entera disposición. Está muy organizado. Entonces, lo que sucede es que, cuando ponemos esa música, esos espíritus se reúnen; es una invitación.

P: Pasaste por un punto de inflexión cuando viste un único punto de luz. Háblanos de eso.

R: Después de ver a los adolescentes, me llevaron a otro sitio, donde había muchísima gente que estaba llena de oscuridad. Miré a la gente a mi alrededor y entonces me di cuenta de haber oído una voz, y las demás personas no la oyeron. Y al darme la vuelta para mirar de dónde venía la voz, había un increíble poder que la acompañaba, y sentí la energía a mi alrededor decir: Esto es Dios, esto es Dios.

Lo estaban venerando, las pequeñas partículas de energía, y cuando él habló vi de dónde venía. Tenía el aspecto de una única estrella, allá, y dijo: «¿Esto es lo que quieres de verdad?». Y se acercó a mí a una velocidad increíble, pero se detuvo a cierta distancia.

Donde yo me encontraba estaba muy oscuro y sabía que él no podía entrar ahí. No sabía si es que él no quería o que no podía, pero se encontraba a unos quince metros de mí. Yo estaba extasiada. No me lo podía creer, pero sabía que era Dios. Sabía que era él.

Fue algo increíble, ese sentimiento de amor que él me envió. Era como si fuera su hija. Y nunca había sentido o comprendido eso en mi vida, incluso con todas las experiencias religiosas que había tenido. Había estado en muchas iglesias, pero me había sentido diferente a los demás. Ahí ellos se sentían como en casa y en paz, y yo era solo una hija adoptiva que simplemente asistía.

Lo que me hizo sentir fue una clase de amor que lo abarcaba todo, que lo sabía todo. No era que él me amaba por lo que yo había hecho bien, era que me amaba a pesar de todo. Y él lo sabía todo. Él tenía como una especie de sentimiento omnisciente.

Y le dije: «Mi vida es tan difícil, no puedo, no puedo seguir adelante. ¿Qué otra cosa podía hacer?». Y él dijo: «Esto es lo peor que podías hacer»; quitarme la vida.

Y entonces me enseñaron cosas increíbles, y era como si yo simplemente supiera; me hice consciente de una luz, una energía. Y todo es lo mismo —luz, amor, todo lo que es bueno, el conocimiento—, todo es una longitud de onda de luz, y así es como viaja la información, por longitudes de onda de luz.

Me enseñaron por qué estaba aquí: en realidad estaba haciendo un recado, tenía una misión. Tenía un trabajo que realizar y sin mí, la vida de mis hijos cambiaría muchísimo, especialmente si me quitaba la vida. Sería distinto si me la quitaran, pero el dolor y la angustia que provoca el suicidio en la gente que una deja tras de sí es enorme.

Comprendí al ver a los demás a mi alrededor que algunos de ellos murmuraban cosas y eran presa del momento. Y ahora, al mirar atrás, estoy segura de que muchos de ellos no paraban de hablar de que su vida no merecía la pena y no tenía sentido y que el suicidio era su única alternativa, igual que lo que dije yo.

P: ¿Hay alguna esperanza para quienes están atrapados en ese plano de existencia?

R: Bueno, no es un estado permanente. Este era como un sitio a donde llegas para entender la seriedad de las cosas que has hecho estando aquí.

Todo produce un efecto. Todo ayuda a decidir no solo tu propio destino, sino el de otras personas y, para seguir adelante, tienes que valorar eso, tienes que sentir ese peso o esa gravedad.

P: Angie, mucha gente piensa que su vida no cuenta, que no son personas importantes en realidad y una de las cosas que creo que tú quisiste decir en tu libro es que la vida de todos cuenta y que puedes influir en muchas, muchas otras personas.

R: Correcto. Una de las herramientas más importantes de Satanás es el decirnos que no somos importantes y que nada importa. Pero a mí me enseñaron que es totalmente lo contrario, que cada pequeña decisión que tomamos tiene un enorme efecto y que afectamos a todo el mundo en nuestro círculo, y esas personas a su vez afectan a gente en su círculo, y esas personas a su vez afectan a otras. Y de esa forma transmitimos esa luz o esa energía oscura, lo que nosotros escojamos transmitir, que es el motivo por el que es tan importante corregir las cosas que hacemos que son desconsideradas o con mala intención.

P: Es decir, que lo que parece no tener mucha importancia puede tener ramificaciones mucho mayores de lo que la mayoría de la gente cree.

R: Así es; y ello depende de la persona y de aquellos a quienes estés afectando, de cómo lo reciban. Quiero decir que somos responsables doblemente, qué clase de energía emitamos y cómo recibamos. Creo que hay un pasaje en las escrituras que dice que el que se ofende también es un tonto. Así es que tenemos una responsabilidad y también debemos reconocer que podemos recibir muchas cosas de otras personas, pero tenemos una alternativa. Podemos alterar eso y cambiarlo y emitir energía positiva. No tenemos por qué recibir oscuridad y emitir oscuridad. Esto es muy difícil.

P: ¿Qué piensas de la música satánica y el satanismo, especialmente en los Estados Unidos actualmente?

R: Estoy muy sorprendida de que la gente no vea donde comienza todo, y eso de los cuarenta principales que escuchamos también es algo muy oscuro.

Veo que existe un patrón que comenzó hace muchos años, en la década de los cincuenta, cuando se introdujo por primera vez la música con ritmo. Es como si nos llevaran de la mano. Los padres de aquellos adolescentes que escuchaban a Elvis Presley estaban horrorizados y conmocionados por lo que escuchaban sus hijos. Entonces, esos muchachos crecieron y aceptaron esa música. Y entonces la música de la década de los setenta, que era un poquito más oscura, fue introducida. Y se horrorizaron y conmocionaron por lo que sus hijos escuchaban y todos esos muchachos crecieron.

Y ahora tenemos que esa música, que es tan oscura, se lleva toda la luz por completo. No hay sitio para la luz. Y no creo que esos muchachos se den cuenta (y quizá algunos sí se dan cuenta) del poder que hay detrás, la energía, y que cuanto más sucumbimos a eso, más poder tiene sobre nosotros, hasta que ya no tenemos más libertad de elegir por nosotros mismos, y nos controlará si dejamos que eso ocurra, si cedemos.

P: Angie, una de las partes más fascinantes de tu libro, al menos para mí, es el hecho de que tú tienes una conversación con Dios. Y a muchas personas no les importa y ciertamente comprenden que tú hables con Dios, y lo consideran como rezar, pero piensan que es algo un poco de locos el que Dios te hable. Pero la tuya me pareció una conversación muy natural. Me pregunté si aún hablas con Dios. ¿Tienes conversaciones en las que tú le hablas a Él y Él te habla a ti y es algo natural?

R: Bueno, ahora rezo mucho más honestamente. Siento que no hay nada que Él no sepa y, por tanto, no hay nada que no pueda contarle. Ahora tengo una relación con él totalmente distinta. Solía rezar superficialmente, rezaba por todas las cosas por las que se supone que debía rezar y prácticamente ignoraba lo que realmente había por debajo. Ahora soy más honesta.

SEGUNDA PARTE

La ecuación espiritual

Tipos de energía

Con frecuencia tendemos a pensar en el suicidio como una acción repentina para terminar con la vida. Pero a todo nuestro alrededor también, vemos a personas cuyas decisiones y estilos de vida son más manifestaciones sutiles de un impulso de autodestrucción.

Tanto si el suicidio se manifiesta como un estilo de vida autodestructivo o como un único acto violento, la muerte final es el resultado de un proceso que comenzó mucho antes, puesto que se produjo un cambio de energía dentro del mundo de la persona: de positiva a negativa, de optimista a pesimista, de afirmar la vida a negarla... de la luz a la oscuridad.

Existen varios tipos de energía que pueden formar parte de este proceso, incluyendo la energía física, mental y emocional, estando todas ellas relacionadas y conectadas entre sí. Y existen fuerzas que pueden afectar el flujo de esta energía, tanto interna como externamente.

Comprendiendo estas energías y las fuerzas que hay detrás del suicidio, podemos comenzar a entender cómo lidiar con una crisis suicida. De igual importancia, podemos aprender a trabajar con estas energías y, quizá, a cambiar una espiral negativa en positiva antes de que se desarrolle la crisis.

Tu Yo espiritual

Para comprender con más profundidad el suicidio y el alma, es importante que conozcas los elementos de tu ser espiritual. El cuerpo físico del hombre y la mujer es aquello que todos podemos ver, pero este es solo de uno de los siete niveles de energía o conciencia que componen la totalidad de quiénes somos.

Además de tu cuerpo físico, tienes otros tres cuerpos que proporcionan vehículos a tu alma en el viaje a través del tiempo y el espacio. Esas fundas de conciencia que penetran unas en otras se llaman los cuatro cuerpos inferiores, que son: el cuerpo físico; el cuerpo etérico o cuerpo de la memoria, donde queda registrado todo tu pasado; el cuerpo mental, a través del cual piensas y conoces; y el cuerpo emocional o astral, a través del cual sientes.

La funda etérica, la de vibración superior, es la entrada hacia tus tres cuerpos «superiores», que conforman la parte permanente de tu ser que existe en los reinos del Espíritu. Tu Ser Crístico (a veces conocido como Yo Superior) se muestra como la figura media de la Gráfica de tu Yo Divino. Es la presencia individualizada del principio universal del Cristo. Es la conciencia Crística universal que existe como potencial en todos.

Tu Presencia YO SOY, rodeada de las esferas concéntricas de tu cuerpo causal, se muestra en la figura superior de la Gráfica. Esta individualización del YO SOY es tu punto de origen en el corazón de Dios. Es el punto de luz y la perfección pura de la

La Gráfica de tu Yo Divino

cual salió tu alma para experimentar la vida durante ciertos ciclos en el universo físico. Y a ese punto regresarás cuando hayas terminado tu misión aquí, en la Tierra.

En tus cuatro cuerpos inferiores hay siete centros, puntos de luz en el cuerpo que reciben y emiten energía. Se llaman «chakras». («Chakra» es una palabra sánscrita que significa «rueda» o «disco»). Tus chakras son los transformadores reductores internos que regulan el flujo de la energía de Dios hacia varas partes de tu cuerpo. Los siete chakras principales están posicionados a lo largo de la columna vertebral, desde la base de la columna hasta la coronilla.

Los chakras no son puntos de luz estáticos, sino centros dinámicos de energía que reciben, emiten y almacenan constantemente luz espiritual. El cuidado y el uso correcto de estos centros de energía resulta en una mayor vitalidad en tu cuerpo físico, así como en los tres cuerpos sutiles. Los chakras gobiernan el flujo de energía en tus cuatro cuerpos inferiores y afectan el tamaño y la cualidad de tu aura.

Todos los días tomamos decisiones sobre cómo queremos utilizar la energía que Dios nos envía a través del Yo Superior. Todo ello forma parte de la ecuación de luz. Las decisiones diarias que toma-

Chakra de la coronilla

Chakra del tercer ojo

Chakra de la garganta

Chakra del corazón

Chakra del plexo solar

Chakra de la sede del alma

Chakra de la base de la columna

mos (cómo amamos, las palabras que pronunciamos, los pensamientos que tenemos y las acciones que llevamos a cabo) pueden influir en el flujo de energía en nuestra vida.

Si elegimos, por ejemplo, tomar drogas u otras sustancias dañinas, estas pueden hacer daño no solo al cuerpo físico, sino también a los cuerpos sutiles. Pueden crear agujeros o desgarres en el campo áurico y hacernos perder la luz de nuestros centros espirituales. Es posible que al ocurrir esto nos sintamos llenos de vida, pues se produce un flujo de luz y energía. Pero la luz se pierde y no se recupera con facilidad; y después podemos sentirnos agotados, vacíos y sujetos a una depresión. Y así, necesitaremos otra dosis (posiblemente una mayor) que vuelva a producir el mismo efecto. Esto puede producir una espiral descendente de energía que puede culminar en suicidio.

El cuerpo tiene la finalidad de ser un templo sagrado, una casa para el Espíritu interno. Exige que pongamos atención a la dieta alimenticia, el ejercicio, la práctica espiritual y una higiene y apariencia general. Lo que comes afecta a tu salud, el ejercicio da energía y luz a todas tus células y tu práctica espiritual (oración, meditación y decretos) es la fuerza que da impulso a la luz por todo el cuerpo.

El Yo Superior

Tú tienes un Yo Superior. Está por encima de ti ahora mismo. Los ángeles ven a tu Yo Superior y saben que, a niveles internos, eres un ser espiritual magnífico y poderoso. Tu Yo Superior a veces se denomina el «gran yo». Tu Yo Superior ve el panorama general y no pierde de vista tu destino divino. Pero a ti te corresponde cada día identificarte con ese Yo Superior o no hacerlo.

Cuando actúas como sabes que lo haría tu Yo Superior, esa Presencia puede acercarse. La podrás sentir y podrás sentir el amor de Dios fluyendo a través de ti. Y así, te podrás identificar más y más con el Yo Superior, y este puede moverse a través de ti, guiarte y dirigirte. Cuando estés confundido y no puedas ver el camino que tienes ante ti, recuerda que tienes un Yo Superior que quiere que vivas y sepas que, muy cerca, esperan cosas mejores.

Pero también existe la opción de no ser el Yo Superior, de identificarse con el yo egoísta, el yo desagradable, el yo lleno de ira, el «yo pequeño». Todas esas cosas no forman parte del Yo Divino, sino que son parte del «yo inferior», el yo limitado de la conciencia humana.

El conocimiento de la existencia del Yo Superior que posees, o tu identidad Divina, y la de tu yo inferior, o ego humano (un conocimiento sobre cuándo actúa cada uno de ellos en tu vida) puede ser un factor determinante en tu vida.

Así pues, ¿*qué es* exactamente el yo inferior?

El yo inferior

El yo inferior es esa parte de nosotros mismos que nos mete en problemas. Consiste de los impulsos acumulados de oscuridad del inconsciente y el subconsciente, procedentes de esta vida y de vidas pasadas, los aspectos del yo de vibración inferior. Es la antítesis del Yo Superior.

El Yo Superior o el yo inferior, ¿cuál de ellos será? Este es el punto en el que la persona debe elegir: el bien o el mal, la luz o la antiluz.

El yo inferior es el que se deprime, el que pronuncia palabras desagradables y se comporta mal. Aunque no forma parte de nuestra Realidad divina, a veces puede parecer algo muy real. Pero, como un cubito de hielo en el suelo en un día de calor, el yo inferior desaparecerá un día y dejará de existir.

El yo inferior sabe que un día morirá. El Yo Superior no muere; al contrario, cuando consigas finalmente la victoria, cuando te unas a tu Yo Superior y regreses al cielo para no salir de él jamás, el yo inferior dejará de existir.

Ser o no ser

Los ángeles ven que la meta de la vida es que cada uno de nosotros nos unamos a nuestro Yo Superior; sin embargo, esto implica una elección diaria para cada uno de nosotros. ¿Nos identificaremos con nuestro Yo Superior, nuestro Yo Real, nuestra Realidad eterna, o nos identificaremos con el yo inferior, que no tiene una realidad permanente en el plan general de la vida?

Existen muchas claves para identificarse con el Yo Superior y los grandes instructores espirituales de todas las épocas vinieron a enseñarnos eso. Pero la clave más importante es, quizá, que no podrás unirte a tu Yo Superior sin dar a los demás, porque al dar a los demás es que descubres quién eres en realidad. Una vida centrada en el yo inferior y todos sus deseos solo puede progresar hasta cierto punto.

Nuestro corazón se desarrolla al servir con amor a los demás. Para los jóvenes tiene una especial importancia tener oportunidades de servir, ya que eso forma parte del temprano desarrollo del corazón. Los niños y los jóvenes necesitan sentir la alegría de dar y llegar a conocer el significado y el propósito que ello tiene en la vida. Cuando la gente deja de dar, el flujo de luz y energía cesa. Es entonces cuando la vida se centra en el yo inferior y todo parece perder su significado. Y es entonces que el suicidio se convierte en una posibilidad.

Desde una perspectiva espiritual, se puede ver con claridad que la persona suicida se identifica completamente con el yo inferior, que está destinado a morir, y se considera a sí misma, equivocadamente, como el yo inferior. Finalmente, la raíz de la tendencia suicida es la falta de realización del Dios interior, pues si hubiéramos sabido realmente que Dios vivía en nosotros, no habríamos abandonado el templo de Dios, que es nuestro cuerpo físico, hasta que Dios lo hubiera ordenado.

Pero si comprendemos que Dios vive dentro de nosotros, entonces podemos entregar nuestra vida a Dios en servicio a su vida en todas partes, y él se ocupará de los detalles. Seremos capaces de avanzar, confiando en que él cuidará de nosotros mientras nosotros cumplimos la parte que nos corresponde. Ello no significa que no vaya a haber épocas difíciles, pero con Dios podremos superarlas.

Fuerzas inadvertidas

Las fuerzas inadvertidas que asedian a la gente son quizá la parte más importante (y la que pasa más desapercibida) de la ecuación del suicidio.

Hoy día, muchas personas son conscientes de los ángeles y los seres de luz que de muchas formas pueden aportar ayuda, curación e intercesión en nuestra vida. No es tan conocido el hecho de que también existen fuerzas inadvertidas de negatividad que quieren llevar a la gente hacia la oscuridad.

Esas fuerzas pueden ser personales o impersonales y se las conoce con varios nombres. Mucha gente las conoce como «entidades», un nombre genérico para denominar a las varias clases de fuerzas desencarnadas de la oscuridad. Pero la clave para afrontarlas es saber algo sobre cómo operan y cómo llamar a las fuerzas de la luz para contrarrestar su influencia.

Espíritus desencarnados

Las entidades desencarnadas son un tipo de entidad que frecuentemente tiene mucho que ver con en el suicidio. Denominadas comúnmente como espíritus desencarnados, consisten de la conciencia de la personalidad en su expresión a través de los cuerpos astral, mental y etérico de aquellas corrientes de vida que han pasado por el cambio llamado muerte.

Como hemos visto, lo que ocurra cuando una persona muere dependerá de los impulsos acumulados establecidos durante la vida de dicha persona. Cuando el cuerpo físico es abandonado, las almas avanzadas pueden ser llevadas, junto con sus otros tres cuerpos inferiores (el cuerpo emocional, el mental y el etérico) a los templos etéricos para aprender entre encarnaciones. Pero quienes no están despiertos espiritualmente descubren que, cuando el cordón cristalino se retira, la conciencia del alma, que se ha identificado con los cuerpos inferiores, puede permanecer en el reino astral con los tres cuerpos inferiores.

También existe la posibilidad de que se produzca una separación de los cuatro cuerpos inferiores en el momento de la muerte. En tal caso, el alma conserva habitualmente el cuerpo etérico, gravitando hacia el plano etérico. Los cuerpos astral y mental pueden vagar en reinos distintos, ya desconectados de la fuente de la vida o incluso de la inteligencia del alma.

Esas entidades son afines a las personas del plano físico que tengan hábitos parecidos a los suyos. Ejemplos de esto son los adictos al alcohol, al tabaco y a las drogas. Donde la gente se congregue para satisfacer sus deseos de forma indulgente, allá se reunirán las entidades. Las tabernas, las salas de fumar y los lugares donde los drogadictos suelen estar, están realmente llenos de desencarnados, que se pegan a las personas que consumen esas sustancias estimulantes y dañinas.

Esas entidades ansían los placeres sensuales a los que eran adictas antes de perder su cuerpo físico. Tienen los mismos deseos que tenían antes de pasar por los portales de la muerte, pero ya no poseen un cuerpo físico a través del cual poder experimentarlos y satisfacerlos. Así, como sanguijuelas, se conectan con el sistema nervioso de quienes están encarnados (normalmente en la nuca y en la columna vertebral) y, al hacerlo, pueden disfrutar indirectamente de los placeres a los que estaban acostumbradas. Esta transferencia se produce como resultado de la mezcla del cuerpo astral del desencarnado con los cuerpos astral y físico de una persona, a través del sistema nervioso simpático.

Estas fuerzas del mal son la causa principal de muchas adicciones, no solo las relacionadas con el abuso de sustancias, sino también las adicciones al sexo, la ira, la violencia o el odio.

Existen muchas clases de entidades desencarnadas, pero todas tienen algo en común: quieren tu luz. No tienen conexión alguna con la Fuente de la vida y la luz, por ello quieren hacer que emitas la luz de tus chakras tentándote a que actúes de una forma que cualifique mal tu energía. Ellas alimentan las adicciones porque ese es el medio por el cual pueden acceder a la luz.

Todos los hábitos negativos y las adicciones van acompañados de entidades que intentan invadir el cuerpo y robar la fuerza vital. Entre esas entidades se encuentran las del alcohol, la marihuana y otras drogas alucinógenas, el tabaco, el sexo, la sensualidad, el egoísmo y la adulación hacia uno mismo, la ira, el chisme, el miedo, la locura, la depresión, la avaricia del dinero y los juegos de azar.

◀ Querer vivir ▶

También hay entidades del suicidio. Estas se sienten atraídas hacia quienes puedan estar deprimidos o abatidos, aumentando e intensificando los pensamientos y sentimientos de la desesperanza. Estas entidades quieren persuadir a las almas desprevenidas a que se suiciden como solución definitiva a sus problemas.

Fuerzas negativas que acechan a las personas susceptibles

Los antiguos egipcios conocían el cuerpo astral desconectado del alma y el Espíritu, llamándolo «ka». Una vez fuera del control consciente del alma y el Yo Superior, el ka astral puede vagar por ahí como un desencarnado, desconectado del alma, pero afectando a los demás al infundir un sentimiento de opresión o de emoción. El ka astral, por tanto, puede ser muy dañino. Esto es cierto especialmente en el caso del suicidio, porque la funda astral de la persona, estando cerca de la Tierra y atada a ella, puede regresar para intentar influir en otros miembros de la familia y parientes para que se suiciden.

Harry, padre de dos niños pequeños, sufría de una grave depresión, y finalmente sucumbió al suicidio. En los años posteriores a su muerte, su hermano se intentó suicidar varias veces. Afortunadamente, no lo consiguió y murió de causas naturales varias años después.

Cuando la esposa de Harry murió repentinamente, los dos hijos, ya adultos, también pensaron en suicidarse. Uno de ellos se sometió con éxito a tratamiento psiquiátrico; y el otro recibió un fuerte mensaje de Jesús. Cuando este joven estaba considerando seriamente el suicidio, Jesús lo reprendió: «¡Si quieres acabar con tu vida, dámela a mí!». El joven se tomó en serio este desafío espiritual y actualmente es un devoto de Jesús.

Los amigos y parientes de Harry creen que nadie en esa familia, a excepción de él, quiso suicidarse en realidad. Una probable explicación de esto es la influencia de los «kas» astrales de aquellos que habían muerto, comenzando por Harry.

Una joven, cuyo padre era un buen hombre que murió inesperadamente después de una operación, tuvo una pesadilla en la cual su padre se desplazaba hacia ella rápidamente en una silla de ruedas como si la quisiera embestir. Tenía una expresión malévola, pétrea e irreal. Conmocionada y asustada, se despertó bañada en sudor frío.

Cuando comprendió que se había encontrado con el ka de su padre, inmediatamente llamó al Arcángel Miguel para que lo atara y se lo llevara. Nunca más volvió a soñar lo mismo y ahora se encuentra en paz, sabiendo que el Arcángel Miguel respondió con presteza a su oración.

El ka astral puede tener la apariencia de la persona a la que perteneció. También puede provocar en los demás una *sensación* igual a la persona que ha muerto, puesto que está compuesto de la misma energía residual que su cuerpo emocional. Pero es importante recordar que no es esa persona. Es simplemente la funda astral residual que ya no se encuentra bajo el control consciente del alma. El ka astral debe ser atado y retirado por los ángeles del Arcángel Miguel como respuesta a nuestras oraciones, de forma que no salga a causar daño a nadie.

Algunas veces las personas sienten como si un pariente o una amistad íntima siguiera estando presente, cerca, durante algún tiempo después de morir. Eso es señal de que hay que realizar más trabajo espiritual y hay que hacer llamados al Arcángel Miguel y a los ángeles para que eliminen el ka astral y para que el alma sea llevada al lugar que le corresponde para su siguiente tarea.

La cremación del cuerpo después de morir puede servir para lidiar con este problema. Tras un período de descanso de tres días en el que el alma y los vehículos inferiores se retiran de la forma, la purificación por medio del fuego libera la energía residual del cuerpo. Esto también ayuda a liberar al alma y los cuerpos sutiles para que puedan dirigirse a las octavas superiores, libres de la sensación de apego al cuerpo o a los planos de la Tierra. Esto tiene una especial importancia en lo que corresponde al cuerpo emocional, que es el que guarda una mayor afinidad con el cuerpo físico.

La seducción de la entidad del suicidio

Otro factor relevante en lo que respecta al suicidio es el de las fuerzas de la oscuridad, conocidas como «entidades masivas». Estas entidades son un acopio de impulsos acumulados por la humanidad de odio, violencia, guerra, envidia, dolor, miedo, lujuria, chisme y otras cosas similares. Estas entidades, como islas de oscuridad, flotan en la franja astral y son movidas sobre la red del campo de la conciencia humana por fuerzas diabólicas, que dirigen esas acumulaciones de poder oscuro contras corrientes de vida desprevenidas.

La entidad masiva asociada con el suicidio es conocida como «Annihla». Cada año, miles de personas de nuestro planeta abandonan la vida tras volverse susceptibles a las vibraciones de abatimiento de la entidad del suicidio. Esta fuerza del suicidio puede sentirse como una fuerte atracción magnética, casi como una resaca marina, que se lleva al alma hacia las profundidades de la depresión y la desesperación.

Las almas que se encuentran bajo la influencia de la entidad del suicidio muchas veces no saben que tal entidad existe o que tiene un nombre, pero sienten su fuerza. Esta entidad influencia sus pensamientos y proyecta la idea de la muerte como algo atractivo, deseable, incluso heroico: la solución a sus problemas. Las personas que piensan en suicidarse suelen creer que esos pensamientos y sentimientos les pertenecen, pero con frecuencia son simples proyecciones. Y si esas personas comienzan a asimilar esas ideas y a apropiarse de ellas, tales pensamientos serán amplificados en gran manera por la entidad del suicidio, la entidad masiva llamada Annihla, así como por las entidades desencarnadas del suicidio.

Esa fuerza de la entidad del suicidio opera a un máximo nivel en todas las grandes ciudades del mundo. Algunas veces está muy activa en lugares concretos; por ejemplo, en la ciudad de San Francisco, empujando a la gente a saltar del Golden Gate Bridge. Esta Entidad opera a un máximo nivel en Wall Street, cuando se producen caídas financieras en la bolsa. Cuandoquiera que la oscuridad y la desesperación están presentes, la entidad del suicidio acecha junto con sus agentes o «instrumentos» en encarnación, promoviendo sus mercancías.

Con quienes están sanos —física, mental y emocionalmente— la entidad del suicidio no tiene mucho que hacer. Cuando la energía se mueve en una espiral positiva, la muerte no tiene mucha atracción. Por tanto, habitualmente, el primer paso que da esta entidad es intentar que las personas se involucren en alguna actividad aparentemente «inofensiva», en la cual pierdan su luz y energía o abusen de ella.

El consumo de drogas y alcohol es una forma de cambiar el equilibrio energético en el cuerpo puesto que el cuerpo físico sufre cierto daño y, al mismo tiempo, también se ven afectados los cuerpos sutiles y el aura pierde la luz. La primera indulgencia, el primer trago, el primer paso, es la etapa preliminar para el desarrollo de una adicción y el principio de la descomposición de las energías del centro espiritual principal, el chakra del corazón, de forma que el corazón se convierta en una sede de oscuridad en vez de luz.

Mientras que los ángeles y los maestros de la luz desean conducir a la juventud por un sendero espiritual hacia una conciencia superior, las entidades del suicidio que llegan para seducir a los jóvenes tienen calculado un camino propio: un decrecimiento progresivo de la luz y la conciencia como antítesis al sendero espiritual.

Suicidios en cúmulo y suicidios por imitación

Los psicólogos y expertos te dirán que el suicidio es contagioso. Los suicidios en cúmulo son un fenómeno bien conocido del que tenemos constancia incluso en tiempos de la antigua Grecia.

Algunas veces vemos que esos cúmulos se producen en familias o comunidades. Loren Coleman, en su libro *Suicidios en cúmulo (Suicide Clusters)*, cita muchos ejemplos de este fenómeno. Ella describe un caso de un cúmulo de nueve suicidios entre adolescentes en la reserva india de Wind River, en el estado de Wyoming, entre el 12 de agosto y el 30 de septiembre de 1985.

Coleman cita la reacción de un agente ante esos acontecimientos: «Marjene Tower, una especialista conductual dentro de la Oficina de Asuntos Indios, creía que los suicidios eran "un tipo de contagio que no comprendemos. Nunca he visto una epidemia de esta clase". El descubrimiento más chocante de Tower fue el hecho de que todas las víctimas del suicidio, entre catorce y diecisiete años de edad, eran íntimos amigos, portadores del féretro de unos y otros en los funerales. Los jóvenes muchachos eran "compañeros en la bebida". Ella creía que los suicidios se "contagiaban" como otras enfermedades, que se diseminaban entre personas de relación cercana»[5].

Desafortunadamente, tales «epidemias» son más habituales de lo que comúnmente se conoce y, a veces, copian la representación del suicidio en las noticias o incluso en las películas. En

◀ La ecuación espiritual ▶

tales casos, conocidos frecuentemente como suicidios por imitación, las víctimas pueden estar separadas geográficamente, pero manifiestan muchos de los detalles del primer suicidio.

Por ejemplo, se produjo una erupción de suicidios después del estreno de la película *El cazador*, la cual tiene una escena en la que los prisioneros de guerra se ven forzados por los comunistas vietnamitas a jugar a la ruleta rusa. Más tarde, uno de los personajes de la película se trastorna tanto que empieza a jugar voluntariamente y se mata.

Los investigadores Thomas Radecki y Alan Berman han documentado cuarenta y tres muertes en todo el mundo jugando a la ruleta rusa durante los ocho años después del estreno de la película. Todos esos casos estaban claramente vinculados al hecho de haber visto la película recientemente; algunos suicidios se produjeron mientras veían la película.[6]

En tales casos podemos ver que, a un nivel espiritual, cada vez que otra persona sucumbe a la atracción del suicidio, las entidades del suicidio en el plano astral se alimentan de más energía y otro ka astral se une a ellas. Como vampiros espirituales, esas entidades se alimentan de la luz emitida en cada nuevo suicidio y la utilizan para perpetuarse a sí mismos. Van de una persona a otra, intentando convencerlas de que están solas, que nadie las comprende y que deberían terminar con todo. Sin embargo, irónicamente el suicidio es una miseria que ama la compañía.

El asesoramiento y la intervención con un apoyo psicológico y emocional puede jugar un papel importante en la ruptura de ese ciclo. Pero también comprendemos el carácter sobrenatural que tiene la fuerza del suicidio y sabemos que, aunque está más allá del alcance del remedio *humano*, existen soluciones espirituales.

Como respuesta al suicidio en cúmulo de Wind River, entró en acción un grupo especial de agencias para ofrecer asesoramiento y apoyo a los adolescentes y las familias. Además, los ancianos de la tribu Arapaho celebraron un ritual sagrado que no se había utilizado desde 1918, cuando se realizó para mantener a raya la erupción de la gripe española. Cientos de jóvenes de la comunidad se pusieron en fila para recibir una limpieza espiritual por parte del anciano de la tribu. Después de esta ceremonia celebrada el 7 de octubre, el invierno de 1985-86 fue tranquilo, sin más suicidios reportados en la reserva.[7]

Como adversarios, las fuerzas de la oscuridad no se pueden comparar con los ángeles y los maestros de luz. Nuestra tarea es invitar a esas legiones de luz a la batalla.

Los efectos de la música

La música ejerce una influencia importantísima en la vida de todos nosotros y puede tanto elevar como deprimir nuestra alma. Es un factor principal en muchos casos de suicidios, pero con frecuencia se pasa por alto.

Tras su intento de suicidio y su experiencia cercana a la muerte, Angie Fenimore se dio cuenta con mucha claridad de las influencias que la habían llevado al suicidio. Su historial era el de víctima de abusos siendo una niña y consumo de drogas y alcohol. Sin embargo, vio que la música por la que se había dejado absorber fue un factor clave. En su libro, *Más allá de la oscuridad (Beyond the Darkness)*, ella explica:

> Comprendí que todo lo que entra en nuestra mente influye y puede alterar el equilibrio de luz y oscuridad en nosotros. En el período en que perdí la vida me sentía atraída hacia la literatura macabra y oscura, por los programas de televisión y las películas de naturaleza oscura...
>
> En aquella época, casi toda mi ropa era negra, una aparente coincidencia que era en realidad una clara indicación del punto hacia el que me dirigía. Y, probablemente, la influencia oscura más significativa fue la música que escuchaba. Hay música con una letra que parece inocua —de hecho, sin sentido— pero cuando las palabras se emparejan con combinaciones musicales que

poseen una forma espiritual oscura, tienen el poder de crear más oscuridad en la mente de aquellos de nosotros que las escuchamos.

Podemos "sentir" si los tonos de una pieza en concreto están creados con luz u oscuridad por cómo la música actúa junto con nuestro espíritu para generar un estado de ánimo. La música que elegí en aquella época me adormeció hasta el estupor, predicando la muerte y el egoísmo con frases simbólicas, y desbancó a la luz.[8]

No se trata solo de las palabras, sino del ritmo de la música, que también puede tener un profundo efecto en nuestros chakras, nuestros centros espirituales. La música ha elevado a la Tierra hacia eras de oro; y también ha contribuido al declive y la destrucción de grandes civilizaciones. Con el advenimiento de la música rock y el ritmo sincopado, la música está cambiando la vibración y el mecanismo interior de las almas que evolucionan en la Tierra hoy. La aceptación de la música de influencia negativa por parte del mundo ha adormecido la percepción espiritual, al haberse acostumbrado la gente cada vez más a la oscuridad presente en mucha de la música actual.

Cuando te acostumbras a ella, ni siquiera lo notas; peor aún, si te adentras demasiado en la oscuridad, aunque solo sea un poquito, una vez cruzada la línea puedes llegar a sentirte «cómodo» viviendo con las oscuras influencias de la música. Te vuelves adicto al ritmo, que las fuerzas del plano astral repiten como un eco. Te encuentras en una espiral de energía descendente y no sabes dónde acabará todo. Cuando alcanzas el punto del suicidio o alguna otra crisis, puede que descubras que no eres capaz de resistir la atracción hacia abajo. Llegado a ese punto, debes implorar al Dios vivo para que te rescate y buscar ayuda en las amistades, la familia, los consejeros, cualquiera que pueda ser un instrumento para ese rescate.

◀ La ecuación espiritual ▶

Hay mucha música inspirada por fuentes superiores. La música clásica, la música sagrada, la música folclórica, los valses, la música «square-dance» (la clase de música que eleva y transmite belleza y luz) puede elevarte la conciencia y calmar tu alma.

Todos deberíamos considerar el efecto de la música en nuestro mundo y, especialmente, en nuestros chakras, que gobiernan el flujo de la energía divina y nos conectan con nuestro Yo Superior. Entonces podremos tomar decisiones en consecuencia.

Los tentadores son las fuerzas del mal

Las fuerzas del mal se imponen a las personas y las tientan con muchas cosas de las que estas luego se arrepienten. El suicidio comienza con el agotamiento de las energías vitales a través de cualquier cosa que cause una emisión prematura y definitiva de la luz y la energía de los chakras. Frecuentemente, ello explica lo extremo de las grandes emociones producidas por la falsa euforia que se produce con las drogas, el alcohol, el sexo ilícito, los conciertos de rock y las películas de terror que invocan el pánico.

En todas esas actividades se puede sentir una carga de energía, pero se trata de una emisión de luz debido a que los chakras se vacían. En esa sensación de drenaje, uno no tiene un control emocional para resistirse a ello, ni siquiera existe la fortaleza física para oponerse a las fuerzas que han organizado los planes para la muerte de uno mismo.

Esto es especialmente preocupante cuando la gente se involucra en esas cosas a edades cada vez más tempranas. Antes de que los chakras se hayan desarrollado completamente, cuando los cuerpos emocional y mental aún se están desarrollando (igual que el físico), tales abusos de la energía pueden establecer patrones posiblemente difíciles de superar años más tarde.

El vínculo entre el abuso emocional o sexual sufrido de niños y el suicidio está bien establecido. En situaciones así, la asesoría profesional es esencial. Esos niños con frecuencia se sienten abrumados por una sensación de culpa y desmerecimiento al

◂ La ecuación espiritual ▸

pensar que, de alguna forma, ellos provocaron los abusos. Se necesita una curación en todos los niveles del ser, y la comprensión de la dimensión espiritual, así como el trabajo en ese sentido, puede ser un adjunto importante para conseguir esa curación.

También hemos visto que, puesto que la edad de experimentación de la sexualidad ha bajado en las últimas décadas, la tasa de suicidios entre los adolescentes ha subido muchísimo. Ahora la gente está comenzando a entender la perspectiva espiritual y empieza a ver lo que los ángeles observan con claridad desde los niveles internos: el sexo al principio de la adolescencia o anterior a ella es un factor que contribuye al suicidio.

El sexo en sí mismo no es un pecado ni está mal. Dentro del círculo sagrado y el compromiso del matrimonio, el intercambio de energías entre el hombre y la mujer es una experiencia hermosa que eleva y bendice cuando las energías están consagradas de esa forma. Sacado de la unión del matrimonio, con múltiples parejas y bajo la influencia de las drogas y el alcohol, el sexo pronto drena y baja la energía de los centros espirituales. Los adolescentes salen de esas experiencias envejecidos antes de tiempo y con una actitud hastiada hacia el amor y la vida. La depresión llega y una puerta se abre para la entidad del suicidio.

Ahí lo tenemos, la vieja historia de drogas, sexo y el ritmo sincopado de la música rock y rap, que asalta los chakras y baja las energías del templo del cuerpo, quitándoles a niños, adolescentes y gente de todas las edades la luz que necesitan para cumplir su plan divino.

¿Y si me limito solo a contemplar el suicidio?

Hoy día, entre algunos adolescentes está de moda hablar del suicidio, sin querer realmente llevarlo a cabo. Pero esta práctica podría no ser tan inofensiva como parece. Quienes contemplan suicidarse, aunque al principio no tengan la intención de llevarlo a cabo ni hacer más que pensar en ello, tienen la tendencia a atraer a las entidades del suicidio. Las entidades, entonces, operan a nivel emocional para que el suicidio parezca atractivo o deseable.

Además, a donde se dirigen tus pensamientos y sentimientos durante el día determina a dónde viajarás en conciencia mientras duermes, y quienes se permiten la idea del suicidio, con frecuencia gravitan hacia el plano astral, por la noche, cuando duermen, en vez de ir a las ciudades de luz en el mundo celestial. Por eso son vulnerables ante la atracción de las entidades del suicidio, que acechan en los cañones del plano astral.

Esto puede ser como una cuesta abajo resbaladiza. A medida que los pensamientos y sentimientos suicidas se van integrando más y más en la conciencia de la persona, posteriormente esta puede volverse más vulnerable al suicidio, cuando en su vida sienta una tristeza inesperada o sea incapaz de afrontar una decepción o una dificultad.

Quienes están más sometidos a la influencia de las entidades del suicidio descienden en conciencia cada vez más al plano astral; y solo cuando ya es demasiado tarde es que se dan cuenta de que no pueden desenredarse de esas entidades. Estas tienen paciencia. Habiendo puesto las trampas, con frecuencia están dispuestas a esperar mucho hasta que el cebo funcione.

Existe una salida de esta espiral descendente, pero una vez que la persona ha bajado por esta ruta hasta cierto punto, frecuentemente necesita ayuda para salir de las arenas movedizas. Muchas veces es esencial la intercesión espiritual para liberar a la gente de estos lazos con el plano astral y con las entidades del suicidio. Y la oración es la clave para esa intercesión, pues según la ley cósmica, los arcángeles de Dios y sus huestes no pueden descender a los reinos de la muerte y el infierno para rescatar a las almas hasta que reciben una petición de los devotos de Dios en ese sentido.

Las personas presas de esas trampas pueden rezar y pedir a los ángeles intercesión para sí mismas. Pero tales almas con frecuencia están tan abrumadas por su karma y tan apesadumbradas por las mofas de los demonios y vándalos, que ya no tienen las fuerzas ni la voluntad de resistirse a quienes las atormentan. Ya no tienen esperanza alguna de que su plegaria pueda recibir una respuesta ni les queda fe para rezar. Por tanto, los fieles han de rezar a Dios todos los días, fervientemente, para que las almas prisioneras puedan ser liberadas de sus opresores demoníacos y reciban otra oportunidad de escoger a Dios y la vida.

El último enemigo

Una de las tentaciones más grandes que afrontan las personas (personas mayores, inválidos o quizá quienes, siendo jóvenes, se han excedido en los placeres de la vida) es la de pensar que la muerte es una entrada hacia la dicha, la inmortalidad o una experiencia que no podemos vivir aquí. Esto es mentira y es la tentación de la entidad del suicidio. Esa entidad aparece con muchos disfraces, no solo como la tentación de quitarse uno la vida, sino como la de esperar la muerte como una especie de cese del dolor y el sufrimiento.

Pero en realidad no existe ni la purificación instantánea ni el halo de gloria repentino cuando se transita hacia otro nivel de existencia. No hay ningún gran misterio en eso que llamamos muerte. Seas lo que seas ahora mismo, en el momento de la transición lo seguirás siendo. Así, vemos las palabras del libro del Apocalipsis: «El que es inmundo, sea inmundo todavía».

Si eres puro, esa pureza será ratificada en el Cristo y te encontrarás en la gloria de la ascensión. Y si eres inmundo porque has aceptado la conciencia pecaminosa sobre ti mismo, habitarás en esa conciencia pecaminosa que los católicos han llamado purgatorio y que los budistas llaman «bardo»: el plano astral. Morarás en ese plano hasta que puedas superar esa sensación de pecado y hasta que muera esa sensación debido al peso de su propia irrealidad.

Cuanto más aprendas sobre la luz y el sendero espiritual, más te pondrán delante esa tentación. Como con cualquier tentación, uno no la afronta un día para que desaparezca enseguida dejándola atrás. Las tentaciones no funcionan así. Vuelven una y otra vez. Continuamente llaman a la puerta dependiendo de los ciclos de la luna y los de tu karma, a medida que te vas encontrando con los registros de la muerte.

Por tanto, recordar esta verdad —que no puedes morir, que no morirás nunca, que solo pasarás de una sala a otra en la conciencia de Dios— te hace resistir la tentación del tentador. Entonces, cuando te llamen para que vuelvas a casa, al corazón de Dios, no será una experiencia como lo que la gente llama muerte, ni para ti ni para tus seres queridos. Será ese suave paso del aliento del Espíritu Santo hacia otro plano de conciencia.

Las personas que han presenciado el fallecimiento de quienes no tienen luz, comparado con el fallecimiento de quienes sí la tienen, conocen la diferencia, conocen el aura y el sentimiento que rodea a las personas que se han consagrado a una vida de servicio y devoción a Dios y el que rodea a los que no lo han hecho. Se puede sentir dónde está el alma y dónde se aloja. Por eso sabemos que no existe la muerte y, con ese conocimiento, jamás sucumbimos ante el «magnetismo delicioso» de la muerte, la atracción de las entidades de la muerte que quieren tentarnos en las horas de soledad y hacernos entrar en las espirales de aquello que llaman «la dulce sensación de la muerte». Es tan fácil fluir con la espiral descendente; es tan fácil no luchar; es tan fácil ceder.

Cuando Pablo dijo: «Cada día muero», se refería a que cada día destruía la mente carnal y la sustituía con la mente Crística. Pero hay personas por todo el planeta que mueren todos los días, y quien muere en ellas es el Cristo, porque ceden ante esa atracción descendente de energías que bajan por la columna, siendo despilfarradas en las lujurias de la carne, gastando las energías de la vida para que no quede nada con lo que disfrutar de la verdadera llama de la vida.

Debemos comprender, por tanto, que ese último enemigo no llega solo al final de la vida. Llega todos los días. Llega con la tentación de la autoindulgencia, de pasarse al culto del placer. El culto del placer es real y está muy descontrolado por todo el planeta. Lo vemos todos los días cuando caminamos por las ciudades del mundo y vemos a quienes «se esfuerzan para hacer fiesta», como dice Gautama Buda. Trabajan mucho para pasarlo bien. Trabajan mucho más en sus placeres de la carne de lo que se esfuerzan aquellos encaminados por un sendero espiritual en pasarlo bien en la luz. En realidad, es más fácil moverse en la luz y en la conciencia de la luz.

El desperdicio de la luz, pues, en los limitados intereses del mundo y la carne es un morir diario de la luz Crística en ti. Esta es la muerte que ha de preocuparnos, porque este es el enemigo que te está explotando al quitarte tu llama y tu luz.

No hay muchas personas entre la humanidad que, después de la transición, tengan la suficiente luz para impulsarse a sí mismas hacia las octavas superiores.

La mayoría acaba en el plano astral, porque han despilfarrado la fuerza vital. Y en su aura no hay nada, por tanto, que mantenga un impulso acumulado de propulsión hacia las octavas superiores.

Este es un estado muy peligroso que nos ha de hacer reflexionar, porque los años pasan con rapidez y nuestra luz, que es nuestra herencia, se puede desperdiciar sin que nos demos cuenta. La advertencia para que tengamos cuidado con la tentación de la muerte siempre es oportuna, porque esto es una iniciación que todos debemos pasar.

La causa detrás del efecto del suicidio

Cuando nos encontramos débiles o nuestra aura está vacía por alguna razón, tenemos muchas más probabilidades de ser susceptibles a las sugerencias o los pensamientos suicidas. Cuando el aura no es fuerte, dejamos de tener nuestras defensas naturales contra la influencia de las entidades de la depresión y el suicidio. El problema aumenta si además estamos lidiando con las entidades pertenecientes a las sustancias dañinas que consumimos.

Los deprimidos con frecuencia se vuelcan con el alcohol y las drogas en un intento vano de atenuar o mitigar el dolor mental o emocional que sienten. Se produce un alivio temporal, pero de ello resulta rápidamente un ciclo vicioso. La pérdida de luz en el aura como resultado del alcohol o las drogas produce una depresión más profunda, la cual conduce a una dependencia mayor de las drogas. Y así van progresando las cosas, paso a paso.

A cierto punto, la entidad del suicidio entra en escena para tentar al alma a que tome la decisión final de terminar con la vida, algo que puede parecer lógicamente la «mejor» solución. Esto puede manifestarse en forma de pensamientos proyectados que pueden aparentar que pertenecen a la persona. Algunas personas cuentan que incluso han oído una «voz» decir: «Deshazte de ti mismo y todos tus problemas se terminarán»; o también: «Tu familia estará mejor sin ti».

Tentador, sí; seductivo, seguro. Pero no arraigado en la realidad.

◀ Querer vivir ▶

Los problemas no se terminarán, pues han de volver a afrontarse en otra encarnación, con el bagaje kármico añadido del suicidio. Y si tu familia ya tiene problemas, la vida será mucho peor si además esta debe lidiar con el hecho de perderte a ti, su ser querido. Tendrán que seguir adelante sin ti y lidiar con el dolor de esa pérdida y los sentimientos de culpa y vergüenza por lo que podrían haber hecho para evitar la tragedia.

¿Qué es esa voz que insta a la gente a suicidarse? Ciertamente no es la voz del Yo Superior, el Buen Pastor, la voz interior de Dios. La voz de los reinos superiores no nos insta a morir ni a suicidarnos, sino que afirma la vida.

No, es la voz del yo irreal, la antítesis de tu Yo Real, el conglomerado de todo lo irreal y oscuro que has asimilado alguna vez y que has albergado en las profundidades de tu ser. Y tiene un nombre: el «morador del umbral».

Desde el punto de vista energético, el morador es el núcleo de un vórtice de energía que forma el cinturón electrónico. El cinturón electrónico tiene forma de tambor y está rodeado de los cuatro cuerpos inferiores, desde la cintura hacia abajo. Tu cinturón electrónico contiene la causa, el efecto, el registro y la memoria de tu karma humano en su aspecto negativo. El morador del umbral es el punto focal de la conciencia que hay detrás de la creación humana: la mente detrás de la manifestación.

El término «morador del umbral» transmite el significado de que este «mora» o está asentado en el umbral de la conciencia de uno mismo, donde los elementos del subconsciente cruzan la línea desde el mundo inconsciente al mundo consciente de la persona, y el yo irreal desconocido se convierte en algo conocido. Una vez emergido, el morador habrá entrado en el reino de la voluntad consciente, donde el alma puede elegir «animar» o destruir los componentes de esa antítesis de su Yo Real.

El morador está justo ahí, listo para atravesar la puerta de la conciencia. Pero en el umbral, en la línea que separa los planos de conciencia, la acción protectora de la mente Crística, los santos ángeles y el libre albedrío de la persona evitan que el morador emerja y pase a la acción en nuestro mundo.

La mente Crística, Dios en nosotros, puede ser más lista y ganarles la partida a las fuerzas del suicidio. Dios en ti puede salir victorioso.

El discernimiento es la clave

Lo que la falsa jerarquía de la oscuridad quiere en realidad es hacer que abortes tu misión en esta vida al suicidarte espiritualmente. Y recuerda que esas entidades desencarnadas, empeñadas en tu fracaso, seguirán aprovechándose de tu punto más débil hasta que alguien gane: tú o ellas. Esta es una contienda en la que solo tú puedes decidir quién será el ganador.

El discernimiento es la clave. Por sus frutos las conocemos. La voz que nos insta a ir contra las leyes de Dios —a suicidarnos o a permitirnos cosas que nos acortarán la vida— es la voz de las entidades del plano astral que trabajan con frecuencia en conjunto con nuestro morador del umbral.

C. S. Lewis escribió una vez una sátira sobre la jerarquía de demonios que trama el fin de los aspirantes que están en el sendero espiritual, con meticulosa planificación y astuta ejecución. Su libro, *Cartas del diablo a su sobrino (The Screwtape Letters)*, se ha convertido en un clásico en el campo de la literatura espiritual. Aunque parece que Lewis no creía en la existencia real de esos espíritus desencarnados, era un astuto estudiante de su psicología (y de la del neófito cristiano) y su modus operandi.

Claro está, la técnica más inteligente de todas es el desánimo. Dicen que el demonio lleva una pequeña mochila y que tiene una herramienta muy afilada. La gente pregunta: «¿Qué herramienta es esa?». El demonio mismo te lo dirá: «Es el desánimo». Cuando los seres oscuros no consiguen vencernos con ningún medio, siempre utilizan la técnica del desánimo. A veces la usan en el preciso instante en que la gente está a punto de conseguir un logro o alcanzar su meta.

Puede suceder de una forma muy sencilla. Tú te desanimas por algo que alguien cercano a ti hace o dice. Te sientes rechazado porque estás decepcionado; has puesto tu fe o tu amor en alguien y crees que te ha fallado justamente cuando más lo necesitabas.

Llama a los ángeles, refuta las voces, pide al cielo la intercesión de Jesús y los santos, pide a tus amigos y tu familia que recen por ti.

Y si los pensamientos y proyecciones suicidas te desafían, busca ayuda médica. Con frecuencia Dios responde a las oraciones mediante las personas que están en el plano físico. Incluso si estas no son conscientes externamente del papel que están jugando en el plan, Dios y los ángeles pueden hacer uso de su preparación y experiencia como los medios más prácticos para proporcionar la intercesión que se ha pedido.

Algunas veces los médicos recetan medicamentos como medio para afrontar la depresión o los desequilibrios en el cuerpo mental o emocional. Curiosamente, los medicamentos empleados frecuentemente en el tratamiento de tales desórdenes, contemplados desde una dimensión espiritual, se observan como una capa protectora del aura, aislándola del plano astral y protegiéndola de las voces de la noche. Aunque puedan adormecer temporalmente las sensibilidades espirituales, cuando es necesario los medicamentos pueden salvarle a uno la vida.

La elección de vivir

Los seres celestiales contemplan la decisión de suicidarse con gran tristeza. Aunque comprenden las presiones y las complejidades de la vida en la Tierra, también saben que escoger el suicidio es fallar en una prueba que se imparte en la escuela de la vida.

El suicidio no contribuye a la evolución del alma. Es un paso atrás, por lo que el alma necesita regresar a la Tierra para corregir los errores producidos por elegir mal. Desde el punto de vista del reino celestial, la decisión de quitarse la vida se considera, en realidad, como una de las peores decisiones que se pueden tomar espiritual y físicamente, porque tiene unas consecuencias trascendentales.

Según la ley cósmica, la decisión de vivir o morir no nos corresponde a nosotros. No podemos decidir cuándo terminar con nuestra vida. No podemos decir: «Ha llegado la hora de marcharme». Dios es quien decide cuándo es la hora de que hombres, mujeres y niños entreguen su cuerpo, de acuerdo con los programas cósmicos, y pasen a las octavas de luz.

Los programas para el alma son exactos, dirigidos por ángeles y seres maestros que patrocinan al alma; los padrinos, podríamos decir. Arcángeles y seres cósmicos de luz dirigen los programas del nacimiento y la muerte para todas las almas según el gran diseño de Dios.

Quitarse la vida es espiritualmente ilícito, sin importar los motivos; ya sea para alcanzar la Fuente Superior o para escapar de circunstancias desagradables. Sencillamente, no podemos jugar a ser Dios.

¿Existen excepciones?

Todos podemos comprender la tragedia de los adolescentes que acortan su vida y pierden el gran potencial que tienen ante sí. Pero, ¿qué ocurre con los ancianos y aquellos que sufren de enfermedades incurables o dolorosas, que no pueden estar activos y pierden la calidad de vida?

Desde la perspectiva del alma, la vida sigue siendo un regalo y nunca está bien quitarse la vida. No importa lo difíciles o dolorosas que sean las circunstancias, el suicidio no es la respuesta.

Allá donde hay vida está Dios (prisionero en la forma, quizá, pero una chispa de Dios, no obstante) y el templo de Dios es digno de recibir amor, compasión y cuidados. Todo está diseñado para la instrucción del alma y el crecimiento del Espíritu en el hombre y la mujer.

Conocemos muchas historias de superación, del triunfo del Espíritu en toda clase de adversidades humanas. ¿Qué habría pasado si la ciega Hellen Keller o su instructora, Anne Sullivan, se hubieran rendido? ¿Y si Beethoven hubiera aceptado el silencio de la sordera en vez de continuar componiendo música? Estas almas valientes y otras, demasiadas para nombrarlas a todas, nos dicen que todo cuando tiene vida es sagrado y ha de ser valorado. También vemos que el sufrimiento forma parte de la experiencia del vivir y, a veces, es el crisol del sufrimiento lo que permite que aparezca el potencial más grande del alma.

El valor con que muchas personas enfrentan las enfermedades crónicas y terminales es una inspiración. En muchos casos esas almas han acordado saldar karma con su cuerpo. Sufren un poco mientras están en el mundo para que puedan tener, como dice San Pablo, una «mejor resurrección»[9]. Y algunas almas, siguiendo los pasos de Jesús, se han ofrecido a sostener el equilibrio del karma planetario en el cuerpo físico.

Entre nosotros hay santos que han soportado sufrimiento y dolor, cargas en su cuerpo, enfermedades de larga duración y son portadores de la luz de los santos del cielo de verdad. Están ocupándose de su salvación con temor y temblor,[10] con un dolor inmenso en el cuerpo, pero con gran alegría y esperanza en el alma. Y seguirán adelante hasta que Dios los llame a que vuelvan al Origen. Harán todo lo que puedan para ser más fuertes, estar más sanos y ponerse bien, para tener un día más al servicio de Dios, un día más para cantar sus alabanzas incluso en medio de la mayor de las adversidades.

Sí, se deben hacer todos los esfuerzos para aliviar el sufrimiento humano mediante todos los medios disponibles que sean lícitos ante los ojos de Dios.

Se cuenta la historia de una anciana que decidió dejar de comer para apresurarse hacia el fin. Eso también es una manifestación del suicidio. Cuando falleció, la mujer fue ante un consejo de seres de luz, donde le dijeron con toda claridad que estaba mal dejar de comer para invitar la muerte. Había interferido con los programas de su alma.

Sus problemas físicos eran oportunidades para aprender amor, paciencia y compasión hacia los demás y también para expiar y saldar karma. Ahora esta alma tenía que pasar mucho tiempo en el mundo celestial para expiar por su ingratitud hacia el regalo que es la vida, y se tomaría una decisión sobre si tendría que volver a encarnar para saldar ese karma o quedarse y servir en el mundo celestial.

El amor es el medio por el cual podemos resolver todos los

problemas. Todos necesitamos amor, el amor divino que ama al alma tal como ella es y, sin embargo, no la deja igual que la encontró. A veces necesitamos que sean severos con nosotros, como el amor de un padre o una madre que pone límites y explica por qué no se puede aceptar un comportamiento determinado. Este es el amor que nos dan los ángeles y los maestros.

Elige la vida, no la muerte

Jesús dijo: «Si no os volvéis y os hacéis como niños, no entraréis en el reino de los cielos»[11]; y eso es cierto. Para entrar en el reino del cielo hay que confiar como los niños.

Cuando padres, maestros, amigos y gobiernos rechazan a Dios o no lo incluyen en la vida, las dudas, el temor y un profundo sentimiento de soledad y pérdida llena la mente y el corazón. En vez de confiar en Dios, la gente empieza a creer que ya no hay a dónde recurrir, ninguna parte a la que acudir, porque eso es lo que les han metido en la mente.

El suicidio genera una sociedad sin Dios. Un hogar sin Dios y una sociedad sin Dios conducen al alma a la desesperación. Muchos han dicho: «Dios no existe», y han llegado a la conclusión de que la vida humana no tiene sentido. Entonces, ¿cuál es la razón de ser? Muchas de las personas que aceptaron el existencialismo tuvieron tendencias suicidas porque no les quedó nada por lo que vivir.

El suicidio es la muerte del cuerpo, pero también puede ser la muerte del alma. En resumen: La ley de la vida exige de quienes se suicidan, dependiendo de su karma y las circunstancias de su muerte, que o bien permanezcan en varios niveles del plano astral o que reencarnen inmediatamente.

Esas personas deben saldar el karma en el que han incurrido al suicidarse y abandonar a las corrientes de vida de las que eran responsables. Deben aprender de una vez por todas la lección de que el suicidio no es un escape de los problemas que uno tiene y que quitarse la vida no conduce a los campos Elíseos, como prometen los demonios del suicidio, sino que te lleva a empezar de nuevo, a tener que repetirlo todo otra vez.

Con frecuencia, quienes se suicidan permanecen cerca de su casa en su cuerpo astral e intentan en vano hablar con familiares y amigos íntimos. Tratan de expresar su arrepentimiento y su gran tristeza por haber cometido el crimen de apagar la llama de la vida que Dios les dio al nacer.

Sí, ahora saben que el crimen de quitarse la vida es el crimen supremo. Pero, ¿por qué no lo supieron antes? Todas las escrituras del mundo nos dicen que la vida es sagrada, que la vida es Dios y que ha de ser aceptada y defendida en su pleno potencial.

Hasta Moisés aconsejó a los hijos de Israel que eligieran la vida: «Os he puesto delante la vida y la muerte, la bendición y la maldición; escoge, pues, la vida, para que vivas tú y tu descendencia»[12]. Nosotros, hoy, tenemos delante la misma elección.

Historia de un alma
Elizabeth Clare Prophet

Recientemente leí una historia sobre una joven muy devota, católica, que prestaba servicio en su iglesia con mucha alegría. De repente, la muchacha misteriosamente murió, la mataron o quizá se suicidó. Desde el momento en que escuché su nombre y vi el artículo en el periódico de Los Ángeles, se me agarrotó el corazón con una sensación de que esta era un alma que se enfrentó a una crisis con la que no pudo.

Algo le pasó. Quizá se equivocó. Quizá hizo algo que ella consideró que no estaba a la altura de la vida de devoción que había comenzado. Pero yo lloré su muerte y sentí la gran pérdida de una hermosa alma de luz.

Una tarde, antes de acostarme, fui afuera para meditar y estar estar un rato en paz; y llamé a la Virgen María, la Reina de los Ángeles, para que ayudara a esa alma. Y la Virgen María me la enseñó. Los ángeles la llevaban y estaba envuelta en una vestidura de luz.

El alma de esta joven aparecía con su inocencia natal, casi en su infancia o como una bebé, pero tenía toda su presencia como cuando abandonó la pantalla de la vida. Vi cómo la llevaban a otros reinos y cuidaban de ella de verdad. Y, sin embargo, tuve esa sensación de que, si hubiera estado cerca de esa joven en el momento de crisis, si hubiera podido tomar su mano y rezar por ella, su muerte no se habría producido.

Eso me pesaba en el corazón de verdad. Quiero que lo sepas.

Y no ha dejado de pesarme, porque creo que el énfasis en el pecado, las acusaciones que la gente afronta (ya sean las de su comunidad o a través de la prensa o los medios de comunicación, la condenación acumulada), para muchas personas eso crea un peso que no pueden soportar. No pueden soportar la censura y la burla de la opinión pública que concuerda, según sus códigos morales, con que eso es un pecado imperdonable. Bajo el peso de la opinión pública, se quitan la vida o dejan de ayudar a la gente.

Y puesto que hoy estoy en el corazón de la Virgen María, siento que estas son las cosas que ella lleva en su corazón y que, si ella nos pidiera un favor en estos momentos, sería que rezáramos para que se alivie esa carga de sufrimiento en la gente que sufre bajo la censura de los demás.

La Madre viene para curarnos a todos del sentimiento de pecado que tenemos sobre nosotros mismos u otras personas. Viene para liberarnos, especialmente en el mundo cristiano, de la enorme división que convierte al cristianismo en algo ineficaz. Y, por supuesto, viene con el dolor del pueblo de cada nación del planeta y la decisión de ayudarlos, de interceder gracias a nuestras oraciones.

TERCERA PARTE

Cómo abordar el problema

Una razón para vivir

Todos necesitamos una razón para vivir, una razón de ser. Todos necesitamos saber que nos aman. Cuando tenemos la visión de nuestro propósito supremo, cuando sabemos que nos aman, conocemos aquello que estamos llamados a hacer y elegimos la vida. Gracias a Dios y al Espíritu Santo, podemos darnos mutuamente ese regalo y podemos dárnoslo a nosotros mismos.

Sin embargo, cualquiera puede, en cualquier momento, perder su sentido de la identidad, del propósito y de la razón de ser, y sentir de repente que ya no existe ninguna razón para estar vivo. Los períodos de desesperación forman parte de la condición humana y nos llegan a todos, ya sea por los ciclos del karma que regresa, las fluctuaciones en la química del cuerpo, acontecimientos en nuestra vida, como la pérdida de un ser querido, un accidente, un problema de salud, una enfermedad que nos amenace la vida o cualquier otra circunstancia o desafío difícil que la vida nos ponga en el camino.

¿Cómo distinguir entre un período difícil en la vida, una noche oscura del alma para saldar karma y un estado suicida provocado por las entidades?

En primer lugar, es importante que seamos conscientes de las señales que nos advierten del suicidio (véase páginas 138–39). Pero más allá de eso está el don del discernimiento de espíritus, uno de los dones del Espíritu Santo. Tu Yo Superior indicará el camino, ayudado por ángeles y seres de luz. Tú tienes una guía

◀ Cómo abordar el problema ▶

interior y una reserva de luz que puede ayudarte. El Espíritu Santo puede utilizarte para ofrecer consuelo y curación a los demás en el momento que sea necesario.

Hay una historia sobre una mujer que ilustra cómo una persona puede ser el instrumento del Espíritu Santo para salvar una vida. Una mujer se despertó por la mañana, temprano, preocupada por una anciana vecina suya que vivía a dos casas de la suya. La mujer permaneció en la cama unos momentos, incapaz de reconciliar el sueño e incapaz de dejar de pensar en su vecina, una mujer mayor que acababa de perder a su esposo de muchos años y de salud frágil.

Finalmente, tras rezar buscando guía, aunque aún estaba oscuro, la mujer fue a la casa de su vecina y la descubrió intentando quitarse la vida poniendo la cabeza en el horno de gas. Afortunadamente había llegado a tiempo, avisada por sus ángeles y su Yo Superior.

Es importante que hagamos caso de esos avisos e insinuaciones del Espíritu Santo. Los ángeles pueden susurrarnos, pero nosotros debemos estar listos para escuchar y actuar.

Dedícate a tu pasión

Los adolescentes y los adultos que descubren su pasión y se dedican a ella rara vez son presa de la entidad del suicidio. Están demasiado atareados con actividades sanas y empeños creativos que generan un sentimiento de autoestima.

Las pasiones de la gente joven sana asumen muchas formas: deportes, arte dramático, ciencias, literatura, música, arte, danza, la función de animadoras en los deportes, fotografía, proyectos para prestar servicio o dar comienzo a una empresa; la lista es casi interminable. Sea cual sea la actividad que elija una persona joven, esta dará sus frutos si expande la mente, fortalece el cuerpo, edifica las emociones y cumple las esperanzas y los sueños del alma. Lo importante es que la persona joven esté apasionadamente interesada en aquello a lo que se está dedicando.

El apoyo de los padres y los mentores es un factor principal para determinar si el adolescente tendrá éxito. Los adolescentes muchas veces pretenden que no les importa lo que piensen sus padres, pero con frecuencia eso es todo lo que es, una pretensión por si acaso los padres en realidad no están interesados. Bajo la bravuconería superficial, la persona joven anhela una palmada en la espalda, unas palabras de ánimo y un abrazo por haber hecho un buen trabajo. Al mismo tiempo, hemos de permitirles que logren las victorias por sí mismos: hay que dar apoyo, pero no hacer las cosas por ellos.

Y no podemos olvidarnos de los estudios. Los años escolares proporcionan las bases para cumplir la misión en la vida. Aquí

◀ Cómo abordar el problema ▶

el apoyo y el ánimo de los padres (y su instrucción u otra forma de ayuda, según sea necesario) vuelve a ser importantísimo para ayudar a la gente joven a mantener una actitud positiva hacia el aprendizaje.

Uno de los beneficios para los jóvenes al perseguir sus sueños es el aprender a motivarse a sí mismos. Al servir en un proyecto que les apasione, aprenderán métodos, hechos, cifras y destrezas que les serán útiles en la vida. Los padres y los maestros no pueden hacerlo en su lugar, pero pueden rezar por su seguridad y animarles hacia la victoria.

La importancia del amor en la familia

Muchos jóvenes que se suicidan dan ese desesperado paso porque se sienten solos, como si no encajaran ni fueran parte de un grupo de amigos. Y la mejor forma de evitar o de curar esos sentimientos es tener un fuerte lazo familiar. Los padres y los amigos de los jóvenes han de comprender el papel tan importante que juegan para evitar el suicidio.

Es esencial para la autoestima de los jóvenes el tener unos padres que los amen y a quien puedan confiarse. Saber que tienen una familia que los ama y apoya da un sentimiento de pertenencia a los adolescentes y les ayuda, a ellos o a los jóvenes adultos, a resistirse a la presión de sus compañeros y a la seducción de las actividades peligrosas o ilegales. Tener un fuerte sentido de identidad propia y familiar es uno de los baluartes más poderosos contra el suicidio.

Cuando miramos el aumento del número de suicidios entre adolescentes en los últimos treinta años, vemos señales que nos indican que hemos de hacer un esfuerzo conjunto para lidiar con las fuerzas de la oscuridad en el plano astral, las cuales quieren intentar seducir al alma hacia el suicidio. Y tenemos que hacer un esfuerzo por involucrar a los niños, a los jóvenes y a las familias para que tengan el apoyo que necesitan en medio de las tormentas de la vida.

Sobre todo, necesitamos amar a las almas de nuestros niños y jóvenes —y a las nuestras también— y afirmar la vida en todo su milagro y toda su gloria.

Una llamada a los adultos que aman

La edad del alma no la determina la edad del cuerpo. Hay grandes seres espirituales en pequeños cuerpos de niños y jóvenes en todo el mundo. Los jóvenes merecen conocer el amor por ellos y que se preocupen por ellos cuando son pequeños y en la adolescencia. Necesitan que les hablen de un Dios lleno de amor y el camino de la luz y el propósito divino. Tienen el derecho a disfrutar de abundantes oportunidades.

Los jóvenes son muy perceptivos y buscan las acciones más que las palabras. Un alma que llegó al cielo recientemente escribe sobre los adolescentes lo siguiente: «Buscan adultos alegres, equilibrados y con maestría. No importa cómo se comporten personalmente y no importa lo que digan que quieren, a nivel del alma el adolescente reconoce al "verdadero padre" o la "verdadera madre" o al adulto justo...

»El mundo del adolescente está bombardeado de irrealidad. Si los adolescentes reciben una fuerte base de Realidad y equilibrio al principio de su vida, no lo olvidarán. Se graba en su alma»[13].

La presencia de un adulto significativo en la vida de niños y adolescentes puede ser absolutamente esencial en lo que se refiere al cumplimiento de su potencial. Sin embargo, muchos padres necesitan ayuda con las dificultades que afrontan tanto ellos como su familia.

Hay mucha gente que se siente llamada a trabajar con niños y jóvenes, a ayudar de alguna manera, ya sea grande o pequeña. Si tienes la sensación de que tu Yo Superior y los ángeles están llamándote para eso, hay muchas cosas que puedes hacer: ayudar con programas para adolescentes y centros juveniles, involucrarte en actividades en la escuela superior que tengas más cerca, averiguar los programas para jóvenes que tenga tu parroquia o inscribirte en cualquier otro programa que haya para jóvenes.

Incluso tan solo hablar con gente joven, pasar tiempo con ellos y aceptarlos tal como son puede marcar una gran diferencia.

La mayoría de los adultos que trabajan con niños y adolescentes te dirán que ellos mismos se benefician de la experiencia, aún más que los jóvenes a quienes sirven. Estar con gente joven te traerá a la memoria qué es importante en la vida y puede ayudarte a encontrar una alegría y una espontaneidad que a veces, como adultos, perdemos. Te dará la oportunidad de ofrecer amor y compasión, y de abrir el corazón y ver cómo se abre el corazón de un niño o un adolescente.

Y no creas que no tienes nada que dar ni que enseñar. ¡Lo tienes! Además de transmitir las capacidades que pueden ayudar a la gente joven en su vida más adelante, simplemente al ser tú mismo puedes dar un ejemplo sobre cómo afrontar la vida, como manejar los problemas y cómo aplicar los principios espirituales en tu vida.

Sé un mentor. Sé un amigo. Sé un defensor del alma y del Yo Superior. Reza todos los días por nuestros niños y jóvenes. Pídele a Dios que envíe, a niños y jóvenes, los maestros y mentores que les puedan ayudar, ¡y no te sorprendas si tú te encuentras entre ellos!

No ignores al niño pequeño o al adolescente que Dios envíe a tu puerta. Marcar la diferencia en la vida de un niño o un adolescente puede ser el impulso que ellos necesitan para superar las dificultades de la vida, y el impulso que tú necesitas hacia el cumplimiento de tu propio plan divino.

Jesús dio el ejemplo: «Dejad a los niños venir a mí». En verdad, como él dijo: «En cuanto lo hicisteis a uno de estos mis hermanos más pequeños, a mí lo hicisteis»[14].

Mentores adolescentes y grupos de apoyo

Muchas escuelas superiores han desarrollado programas de apoyo entre compañeros y programas de mentores, y tales programas pueden ser muy efectivos para ayudar a los adolescentes a atravesar los desafíos de esos años.

En los programas de mentores, estudiantes más mayores ofrecen a los jóvenes amistad y apoyo, desde la escuela primaria o la secundaria. La ayuda individual por parte de alguien un poco más mayor y con más experiencia en afrontar dificultades parecidas a las tuyas puede servir para cambiarte la perspectiva sobre los asuntos difíciles. Cuando pruebas nuevas posibilidades, adquieres más experiencia.

A veces se gana, a veces se pierde, pero añadiendo la guía de un mentor, habitualmente el resultado es más confianza en uno mismo y una capacidad de afrontar las dificultades con más éxito. Esos programas les han evitado problemas a muchos jóvenes y les han mantenido por el buen camino, tanto en la escuela como en las actividades fuera de ella.

Los programas de apoyo entre compañeros suponen otra excelente vía para proporcionar una estructura de apoyo para los adolescentes y para ayudarlos a afrontar positivamente los desafíos de la vida. Esos programas pueden ser tan sencillos como los grupos de estudiantes que se reúnen una vez a la semana para hablar juntos y apoyarse mutuamente. Con frecuencia, el simple hecho de saber que tienes compañeros con quienes puedes compartir tus esperanzas, sueños y dificultades, marca una gran diferencia.

Como dijo una muchacha: «Me gusta asistir a las reuniones de mi grupo de compañeros. Puedo ir al grupo y hablar sobre cualquier cosa que me preocupe. Y muchas veces descubro que las otras muchachas se han sentido igual que yo. Eso me ayuda muchísimo. Además, cada vez me es más fácil hablar de lo que siento; y me gusta el hecho de que nos apoyamos mutuamente».

Un muchacho adolescente dijo: «La gente de nuestro grupo hace deporte junta, como tirar a canasta, dar caminatas por la montaña, hacer snowboarding, cualquier cosa que nos apetezca; y entonces charlamos de lo que nos preocupa. Después de quemar algo de energía, nos apetece más hablar. A veces las cosas parecen ir bien mientras hacemos deportes; es como si nos soltáramos, y eso nos ayuda. Después hablamos las cosas y apoyamos las ideas de todos. Y la vida deja de ser deprimente».

El apoyo espiritual es clave

Padres, familias, compañeros y otros adultos pueden proporcionar a los adolescentes apoyo social y emocional, y eso, en sí mismo, puede protegerles grandemente de la desesperanza y la desconexión, lo cual es con frecuencia precursor del suicidio. Pero el apoyo espiritual también es un factor clave a la hora de afrontar la ecuación del suicidio.

Los años de la adolescencia suponen un período en que la gente joven explora sus esperanzas y sus sueños, y también es una época en la que los anhelos espirituales del alma comienzan a asomarse. Estos pueden expresarse con un deseo de comprometerse formalmente con una iglesia o una actividad religiosa estructurada o simplemente pueden ser un deseo de comprender la vida, su propósito y su razón de ser. Es importante que los adolescentes tengan un lugar en el que se puedan sentir cómodos para hablar y conversar de esos anhelos espirituales. Las escuelas muchas veces no son el lugar donde los adolescentes pueden hablar abiertamente de cosas espirituales y las iglesias pueden jugar un papel muy importante a la hora de proporcionar un entorno así.

Los grupos de jóvenes y los retiros para adolescentes patrocinados por las iglesias y otras organizaciones también pueden servir para ofrecer el apoyo espiritual y emocional que los jóvenes necesitan. «Es un alivio enorme —dijo un joven— poder ser yo mismo y no tener que preocuparme de que alguien se burle de mí por ser una persona espiritual. Cuando estoy con un grupo de jóvenes o en uno de nuestros retiros, puedo ser sincero con las cosas que realmente me importan. Me gusta estar con la gente que tiene los mismos valores que yo, y no que piensen que soy raro. Y además, cada vez más soy yo mismo en otras situaciones».

Los grupos de jóvenes dirigidos por las parroquias y organizaciones orientadas al servicio también pueden ofrecer un marco de referencia para los proyectos dirigidos al servicio. Trabajar con los demás para terminar un proyecto ayuda a los adolescentes a adquirir un sentimiento de pertenencia y una conexión con los demás. Y al jugar un papel importante en la vida de otras personas, los adolescentes tienen la sensación de que su vida es valorada por otras personas. Muchos jóvenes han recuperado el optimismo al practicar su fe con sus compañeros y en la vida diaria, y al sentirse elevados por ser fieles a su Yo Superior.

Comunicación

A veces la desesperanza y la depresión pueden surgir por cosas tan simples como los malentendidos y la mala comunicación entre las personas. En muchos casos, el simple hecho de poder hablar de un problema puede aportar una nueva perspectiva y, a veces, puede merecer la pena que una tercera persona entre para facilitar la comunicación.

Susie y su amiga Grace estaban trabajando en un proyecto de arte creativo que era muy importante para Susie, quien estaba muy contenta porque iba a compartir sus ideas. Pero cuanto más ideas aportaba, Grace parecía perder más interés. Un día esta le dijo a Susie que ya no tenía tiempo para trabajar en el proyecto.

Susie se sintió descorazonada porque su amiga había perdido el interés y le preocupaba que quizá sus ideas no fueran tan buenas como ella pensaba. Y se sintió traicionada personalmente porque Grace había abandonado el proyecto.

Y al darle vueltas a esa dolorosa experiencia, Susie se fue abatiendo más y más debido a su gran decepción. Había puesto su fe en una persona que amaba y en la que confiaba. Y no podía entender por qué Grace había perdido el interés justamente cuando ella más la necesitaba. «¿Qué me pasa?», comenzó a preguntarse.

Tal como ocurre con mucha gente joven que se siente rechazada, Susie se encontró con problemas para dormir y a veces dormía demasiado como vía de escape. Evitaba a Grace porque se sentía muy incómoda con lo que había sucedido. Y comenzó a perder interés en su proyecto artístico.

Todo ello es indicación de un conflicto interior que no ha sido resuelto, algo que puede comenzar cuando alguien en quien confías te decepciona. Cuanto más le das vueltas, más desanimado te sientes. Hasta empiezas a pensar: «No merece la pena. ¿Para qué, cuando hasta la gente en quien confías te decepciona?».

Y si no tienes cuidado, te puedes deprimir y, entonces, cuando la ira subconsciente (o inconsciente) se remueve, acabas teniendo una potente mezcla. Las entidades del suicidio y la depresión pueden aprovechar la situación para entrar y proyectar deliberadamente, cuando te sientes más herido y vulnerable, pensamientos de desesperanza. Y más tarde las cosas pueden empeorar hasta llegar a un ataque de nervios o una tendencia a la autodestrucción y el suicidio, incluso cuando la causa del problema fuera aparentemente insignificante.

En el caso de Susie, la consejera escolar intervino, porque había notado que Susie ya no estaba contenta y feliz, como solía estar, y que no pasaba tiempo con Grace. Esta también parecía estar triste.

La consejera las reunió y les ayudó a hablar de lo que había ocurrido. Resulta que Grace había sentido que el proyecto la superaba y pensó que Susie estaba mucho más capacitada para realizarlo. Así es que se retiró y después se sintió fatal, porque Susie parecía que la evitaba.

Por su parte, Susie se sentía demasiado herida por el desinterés de su amiga como para acercarse a ella, y había perdido la confianza en su propia capacidad creativa.

Al hablar para tratar de arreglar las cosas con la ayuda de la asesora, comenzaron a darse cuenta de que habían saboteado su amistad sin querer al no ser honestas la una con la otra. Susie no tenía la menor idea de que Grace se sentía intimidada por su vena creativa y Grace se sentía cohibida y no quería explicar por

Cómo abordar el problema

qué se quería retirar del proyecto.

Las dos se rieron y lloraron cuando se dieron cuenta de que casi pierden su amistad por no ser honestas la una con la otra. Al final de la sesión con el asesor, se abrazaron y acordaron hablar más en el futuro.

Susie terminó su proyecto artístico, con el que recibió un sobresaliente en la clase de arte. Grace se dedicó a la fotografía, por la que sentía interés y para la que tenía talento. Desde entonces apoyaron y defendieron mutuamente sus proyectos. Cuando hablaron con el asesor de la escuela para darle las gracias, le dijeron: «Hemos sido amigas desde siempre, ¡pero hemos descubierto que no tenemos por qué ser gemelas!».

El poder curativo del perdón

El perdón juega un papel importante en la vida de todos. A lo largo de ella tenemos la oportunidad de perdonar y de confiar en la pureza del corazón de todas las personas con las que nos encontramos. Podemos confiar en Dios como la realidad de esa persona, y de esa forma es que podemos vivir con las imperfecciones de los miembros de nuestra familia, nuestros amigos, la gente que conocemos y nosotros mismos. Cuando falta la cualidad de la misericordia, observamos que hay personas que no pueden ni soportase a sí mismas, porque no pueden con las imperfecciones.

Vemos otra manifestación de eso mismo en Oriente, donde no es poco común oír hablar de situaciones en las que, cuando el honor de un hombre queda comprometido, su fracaso queda expuesto ante sus amigos, sus vecinos y su país. Entonces el hombre debe suicidarse inmediatamente, haciendo el «harakiri», porque no puede vivir con ese deshonor.

También encontramos lo mismo en Occidente. Con la diseminación instantánea de las noticias por todo el mundo, la condenación llega de forma aplastante y mucha gente se da cuenta de que no es capaz de sobrellevar la censura y la burla pública. Esas personas creen que han cometido un pecado imperdonable. Bajo el peso de la crítica pública, dimiten en su trabajo. Se retiran de la vida pública. Se quitan la vida.

Tanto si se trata de una figura pública que afronta el peso de la crítica de todos como de una persona que siente que le ha

◂ Cómo abordar el problema ▸

fallado a su familia o a sus amigos, en algunas personas eso es lo que provoca que se quiten la vida. No parecen capaces de pedir perdón o decirle a su familia, a sus amigos o al mundo: «He cometido un error. He aprendido de él y haré mejor las cosas». La muerte se convierte, de algún modo, en una elección más fácil que el perdonarse a uno mismo o aceptar el perdón de los demás. Este estado es triste, y los ángeles ciertamente lloran.

El perdón también es un ingrediente esencial después del suicidio. Junto con la tristeza y el dolor por la pérdida de un ser querido, puede que haya también una brizna de ira: «¡Cómo me has podido hacer esto a mí!». Debemos ser capaces de perdonar a alguien que se ha suicidado o que lo ha intentado: por abandonarnos, por hacer una estupidez, por cualquier cosa que pueda provocar ira o resentimiento en nosotros.

También hay que afrontar el sentimiento de culpa: «Si tan solo hubiera hecho algo de otra forma, quizá él no se habría suicidado». También nos debemos perdonar a nosotros mismos.

El perdón con frecuencia es un proceso y no algo que tiene lugar en un punto determinado. Después de perdonar, el resentimiento o la ira pueden resurgir; y al ir renunciando a cada capa y al echarla a la llama del perdón, podemos hallar una profunda paz y resolución.

Como parte del cuerpo de Dios en la Tierra, todos estamos conectados. Todos necesitamos que el perdón sea una costumbre en nuestra vida, perdón hacia los demás y hacia nosotros mismos. El perdón es un potente medio para la curación, pero a quien muchas veces más nos cuesta perdonar es a nosotros mismos.

CUARTA PARTE

Soluciones espirituales

Soluciones divinas

La solución divina para el problema del suicidio no tiene que ver con culpar ni avergonzar a nadie, sino con el amor y la compasión hacia la vida, especialmente hacia las personas que se sienten cargadas y apesadumbradas por las dificultades.

Habiendo hecho todo lo que podemos para dar apoyo emocional, una familia fuerte y un ambiente de comunidad, asesoría y otros recursos, vemos que existe una dimensión más en la que la lucha continúa: el reino del Espíritu. En última instancia, la batalla entre la vida y la muerte (o la luz y la oscuridad, el bien y el mal) tiene lugar en ese reino. Así, la solución divina para el suicidio comienza con el conocimiento de la ley cósmica.

La gente de todas las naciones, especialmente los niños y los jóvenes, debe comprender que el suicidio no es una solución ni una escapatoria. Desde el reino espiritual, la cosa está muy clara: el suicidio solo empeora las cosas. Como hemos dicho antes, una persona que se suicida debe reencarnar para afrontar otra vez las mismas circunstancias que parecen tan abrumadoras.

Si estás pensando en el suicidio porque crees que tu vida es difícil, imagínate que vuelves a ser un niño, otra vez en la silla con avena cayéndote por la barbilla, esperando a crecer para afrontar la misma situación años más tarde. No merece la pena; el suicidio jamás es una respuesta válida. Es mucho mejor afrontar la vida ahora, por mala que parezca. Siempre hay alguna manera de mejorar la situación, quizá simplemente avanzando paso a paso. Cuando a la ecuación añadimos el karma del suicidio, sin embargo, las cosas no harán más que empeorar.

El poder de la oración

La oración y el trabajo espiritual son otra clave de la solución divina para el suicidio. Con mucha frecuencia son las fuerzas invisibles, la entidad del suicidio y los desencarnados que merodean con ella, la principal fuerza que impulsa el suicidio. Las personas se vuelven vulnerables a esas fuerzas debido a las difíciles circunstancias en su vida, pero si estuvieran libres de la agresiva sugestión mental de los seres oscuros, bien aplicarían soluciones más positivas a sus problemas.

Afortunadamente, también existen fuerzas invisibles de luz —ángeles, seres cósmicos—, todas ellas esperando ayudar. Lo que esperan es el llamado, la oración, el mantra.

Tenemos dos grandes dones que nos ha dado el Padre: la vida y el libre albedrío. Hemos recibido la vida en este planeta como las fronteras de nuestro experimento con el libre albedrío. Lo que hagamos con ello solo depende de nosotros, y una parte del don del libre albedrío consiste en que Dios y los seres celestiales no entrarán en este reino a no ser que nosotros se lo pidamos.

La oración, la meditación, los mantras, los decretos, todos ellos abren la puerta entre los reinos del cielo y los de la tierra. Deberíamos rezar a diario por la victoria de nuestros niños y jóvenes. Tanto la gente joven como las personas mayores han de rezar todos los días para que los ángeles escuden a todo el mundo, especialmente a los niños, los adolescentes y los jóvenes adultos, contra el impulso acumulado mundial del suicidio.

Nunca es demasiado cuando rezamos por su futuro. Deben

ser rescatados de las fuerzas que quieren echarlos abajo. Hay muchísima gente joven confundida, enojada y falta de esperanza o sin unos valores claros; y eso no debería ser así.

Los niños tienen patrocinadores angélicos a niveles internos que esperan a que los llamen. Reza pidiendo a los patrocinadores de los jóvenes y a todos los ángeles y maestros que trabajan con ellos que guíen, guarden y protejan a cada niño y joven de la Tierra.

La siguiente oración por los niños y jóvenes del mundo se puede recitar tres veces o más cada día. Recítala cada mañana al despertar o por la noche, cuando te vayas a acostar; o por la mañana, al mediodía y por la noche, como prefieras. Pronto la memorizarás.

De hecho, ¿por qué no la recitas ahora en voz baja, en silencio o en voz alta, allá donde te encuentres, dedicándosela a nuestros queridos niños y jóvenes?

Protege a nuestra juventud

¡Amado Padre celestial!
¡Amado Padre celestial!
¡Amado Padre celestial!
Asume hoy el mando sobre nuestra juventud.
Destella a través de ellos el rayo de la oportunidad.
Emite la poderosa fuerza de la perfección.
Amplifica la inteligencia cósmica a cada hora.
Protege, defiende su diseño divino.
Intensifica el propósito divino.

¡YO SOY, YO SOY, YO SOY
el poder de la luz infinita
resplandeciendo a través de nuestra juventud,
revelando pruebas cósmicas
aceptables y verdaderas,

el pleno poder de la luz cósmica
a todo niño y hombre-niño
en América y en el mundo!
¡Amado YO SOY! ¡Amado YO SOY! ¡Amado YO SOY

También hemos de rezar por quienes han abandonado la pantalla de la vida mediante el suicidio, para que puedan ser llevados a templos de luz para que aprendan más en su evolución espiritual y encuentren hogares y padres que los reciban, los amen y los cuiden, y les ayuden a conseguir la victoria sobre el suicidio en la siguiente ronda.

Claro está que, si conoces a alguien que se quiere suicidar, es imperativo tomar medidas para conseguir la ayuda física y una intervención de asesoría. El trabajo espiritual puede proceder junto con estas cosas y puede ser un adjunto importantísimo a la ayuda profesional, que es muy necesaria. Muchas personas han sido rescatadas del suicidio por el poder de la oración cuando la asesoría y otras formas de apoyo no han sido suficientes.

El Arcángel Miguel, ángel de la protección

El Arcángel Miguel, el poderoso ángel conocido como Príncipe de los Arcángeles, entra en todas las dimensiones del mundo con sus legiones de ángeles de relámpago azul para proteger a las almas de luz. Miguel ha forjado una espada de llama azul hecha de pura sustancia luminosa para liberar a la gente de los enredos astrales.

Si bien este gran arcángel protege a todos los portadores de luz, tiene una específica tarea que consiste en proteger a las familias, los padres y los niños. Él puede realizar esa tarea más eficazmente si nosotros pedimos su ayuda, pues el Arcángel Miguel respeta el libre albedrío. Como todos los ángeles, él obedece la ley cósmica que dice que los ángeles pueden entrar en nuestra vida solo cuando se les invita a hacerlo.

Fue Miguel y sus ángeles de relámpago azul quienes rescataron a Miguel del plano astral. Una simple oración invitará a entrar en tu vida al Señor Miguel y sus legiones de ángeles de relámpago azul, y a que entren en la vida de tus seres queridos y todos los miembros de la familia de Dios en la Tierra. Tú puedes componer tu propia oración o simplemente decir:

Arcángel Miguel, en el nombre de mi Yo Superior, hoy pido por la protección de mi familia y amigos.

Hoy rezo por __[di el nombre de la persona que quiere suicidarse]__. Protege a _____ de los sentimientos de depresión y desesperación, y de cualquier cosa que quiera que _____ se quite la vida. Te pido, por favor, que protejas a _____ de la entidad del suicidio, Annihla, y de la proyección de que la muerte es la única forma de resolver sus problemas.

Y pido que tus ángeles de relámpago azul encuentren a las almas que están atrapadas en el plano astral y las lleven al nivel correspondiente en el mundo celestial para que sigan evolucionando.

[Añade tus oraciones personales y cuéntale al Arcángel Miguel cualquier problema que te suponga un peso].

Lo dejo todo en tus manos. Gracias por escuchar mi oración. De acuerdo con la santa voluntad de Dios, pido que esto se cumpla.

Amén.

El siguiente mantra para la protección tambien tiene mucha fuerza, especialmente si se acompaña de la visualización de un ángel de llama azul por encima de ti o de tus seres queridos por quienes estás rezando:

San Miguel delante,
San Miguel detrás,
San Miguel a la derecha,
San Miguel a la izquierda,
San Miguel arriba,
San Miguel abajo,
¡San Miguel, San Miguel, dondequiera que voy!

¡YO SOY su amor protegiendo aquí!
¡YO SOY su amor protegiendo aquí!
¡YO SOY su amor protegiendo aquí!

Si memorizas esta oración, la puedes recitar como un mantra, tres veces, nueve veces o tantas como quieras. Recítala al levantarte por la mañana, como parte de tus oraciones diarias, incluso cuando das un paseo al perro o vas en el automóvil. Cuanto más lo hagas, más abrirás la puerta al Arcángel Miguel para que entre en tu vida y en la de los que te rodean.

No importa cuánto tengas que hacer ni si de repente necesitas ayuda, siempre puedes decir:

«¡Arcángel Miguel, ayúdame, ayúdame, ayúdame!».

Este gran arcángel responderá inmediatamente.

Hay otra forma de invocar la intercesión del Arcángel Miguel: recitando la oración que escribió el papa León XIII. Un día, al terminar la misa, el papa León se detuvo ante el altar como en un trance. Más tarde, explicó que había oído cómo Satanás le hablaba a Jesús. Con una voz gutural llena de orgullo, Satanás se jactó de que podía destruir la Iglesia pero que necesitaba setenta y cinco años para hacerlo. El Señor respondió: «Tienes tiempo y poder para hacerlo. Haz lo que quieras». El papa comprendió que, mediante la oración, el sacrificio y el vivir correctamente, podíamos anular el poder del demonio y sus agentes entre los seres humanos. Comprendió que el Arcángel Miguel tenía un gran papel que jugar en el resultado de ese conflicto.

Así, el papa compuso una oración para invocar la intercesión del Arcángel Miguel para superar las artimañas de Satanás. Desde 1886, los católicos han recitado esta oración al final de la misa, pero tal práctica cesó en 1964 cuando el Concilio Vaticano II modificó la liturgia.

Esta oración es una versión actualizada de la del papa León, que puedes aplicar a cualquier situación cuando necesites la extraordinaria ayuda de este arcángel; cuando tu hogar esté siendo destrozado por el alcoholismo, cuando alguien a quien conoces esté sufriendo los abusos de las drogas o se esté destruyendo debido a ellas, cuando fuerzas invisibles se dirijan contra tu familia, tu empresa, tu medio de vida, tu país, y cuando estés enfrentándote a las fuerzas de la oscuridad que hay detrás del suicidio.

Al llegar a la línea del espacio en blanco de este decreto puedes decir cuáles son las cosas que te pesan en el corazón. Dáselas al Arcángel Miguel.

San Miguel Arcángel, defiéndenos en Armagedón

San Miguel Arcángel, defiéndenos en Armagedón, sé nuestro amparo contra las maldades e insidias del demonio; rogamos humildemente que Dios lo reprenda, y que tú, oh Príncipe de las huestes celestiales, por el poder de Dios, ates a las fuerzas de la Muerte y del Infierno, la progenie de Satanás, la falsa jerarquía anti-Cristo y todos los espíritus malignos que rondan por el mundo en busca de la ruina de las almas, y los encarceles en la Corte del Fuego Sagrado para su Juicio Final _____ [Di tu oración personal]_____.

Arroja a los seres oscuros y su oscuridad, a los malhechores y sus malas palabras y obras, causa, efecto, registro y memoria, al lago del fuego sagrado «preparado para el demonio y sus ángeles».

En el nombre del Padre, del Hijo, del Espíritu Santo y de la Madre, amén.

A los ángeles corresponde desafiar al mal

El Arcángel Miguel y sus legiones son quienes se ocupan de las fuerzas invisibles de la oscuridad que hay detrás del suicidio y a ellos es a quienes podemos llamar para eso. Esos espíritus malévolos van desde las entidades desencarnadas de varias clases hasta las entidades masivas del suicidio, pasando por los ángeles caídos más importantes que trabajan con Lucifer, Satanás, Belcebú y otros líderes de nombre desconocido pertenecientes a las huestes de la oscuridad.

Cuando se lidia con el mal encarnado o desencarnado, es importante recordar que nuestro papel no es el de confrontarlo personalmente. Nos corresponde hacer un llamado.

El motivo por el cual no debemos desafiar a las fuerzas oscuras es que muchos seres de la oscuridad tienen un logro mayor en lo relacionado con el abuso de la luz, la energía y la conciencia de Dios que el logro que tenemos nosotros en lo relacionado con el uso correcto de la luz, la energía y la conciencia de Dios.

Y aunque somos grandes seres espirituales en lo que respecta a nuestra Presencia de Dios y nuestro punto de origen en Dios, debido al abuso que hemos hecho de esa energía y a nuestro karma, ya no tenemos un acceso completo e instantáneo a esa luz y ese logro. Por tanto, nos hace falta un defensor ante el Padre, Dios Padre y la luz del Padre con nosotros como nuestra Presencia YO SOY.

Dios nos dio a cada uno de nosotros un Santo Ser Crístico, o

◀ Soluciones espirituales ▶

Yo Superior, como mediador y envió a Jesucristo, nuestro Señor y Salvador, para que representara ante nosotros a ese Cristo hasta que nos uniéramos completamente al nuestro propio. Y así, cuando pidamos a los ángeles que echen fuera a las entidades o los espíritus malignos, siempre debemos pedirlo en el nombre del Cristo, en el nombre de Jesús, diciendo:

En el nombre de mi poderosa Presencia YO SOY y mi Santo Ser Crístico, en el nombre de Jesucristo, llamo al Arcángel Miguel y a las legiones de ángeles para que aten y echen fuera a la entidad del suicidio, Annihla, y a todas las entidades de la depresión o el suicidio que puedan estar abrumando a [Di el nombre de la persona]**.**

Sin embargo, antes de hacer ese llamado, debes invocar la ayuda del Arcángel Miguel y su espada de llama azul, que él blande para protegernos contra las fuerzas del mal. Pon a tu lado la protección que supone la presencia del Arcángel Miguel mediante las oraciones dedicadas a este bendito arcángel en la anterior sección o mediante otras oraciones dedicadas a él. Tú y yo no podemos oponer resistencia directamente a los demonios o los ángeles caídos, pero el Arcángel Miguel sí puede.

En este principio se basa nuestro trabajo espiritual cuando lidiamos con las fuerzas de la oscuridad. Tú no debes jamás desafiar a los espíritus malignos por ti mismo. Las huestes celestiales y los ejércitos del Señor acudirán a defenderte. Ellos responderán a tu llamado y a las oraciones que ofrezcas. A ellos les corresponde enfrentarse a las entidades y las fuerzas de la oscuridad. A ti te corresponde hacer el llamado.

Es como descolgar el teléfono y llamar por una línea de acceso directo al cielo. Ponlo en manos de los ángeles, quédate en paz y pasa a la acción de manera práctica para afrontar la situación.*

---

* Para más oraciones dedicadas al Arcángel Miguel, véase *Oraciones, meditaciones y decretos dinámicos para la revolución venidera en conciencia superior* y el *Rosario del Arcángel Miguel para Armagedón*, publicados por The Summit Lighthouse.

Suicidio y terrorismo

Con esta acción espiritual con la que llamamos al Arcángel Miguel y sus legiones para que detengan a las fuerzas del suicidio que operan a través del terrorismo, también podemos ayudar al mundo entero. En los últimos años hemos visto cómo ha aumentado una tendencia en la que el objetivo de los terroristas con sus ataques no es solo el de matar a otras personas, sino además el de matarse sí mismos. Esas almas ilusas han aprendido que, si se quitan la vida de esa forma, acabarán en el paraíso; o bien sus superiores les han inculcado esa idea o bien ellas mismas se han engañado al creer que al hacer el mal, le harán un servicio a Alá.

La verdad es que «hacer males para que vengan bienes» es una mentira de los ángeles caídos que ha sido la ruina de muchas almas. Solo cuando el terrorista suicida se encuentre en el plano astral es que podrá darse cuenta de su error; y entonces será demasiado tarde. El mal habrá triunfado, el karma se habrá producido y el alma del terrorista deberá pagar el precio.

Como lo expresó Shakespeare: «Ser o no ser, esa es la cuestión». Y el alma del terrorista en el plano astral ha elegido «no ser». Ningún cielo glorioso ni doncellas celestiales esperan a los terroristas suicidas, solo el sordo zumbido de las almas perdidas, perdidas debido a sus propias decisiones, tomadas tontamente.

Podemos pedirle todos los días al Arcángel Miguel que ate a las fuerzas de la oscuridad que hay detrás del terrorismo, incluyendo a la entidad del suicidio.

Un cilindro protector

Todos necesitamos desarrollar una invulnerabilidad contra las fuerzas de la oscuridad que acechan tanto dentro como fuera de nuestra psique y nuestra aura. Y para ello existen herramientas espirituales que nos pueden ayudar.

Tú tienes acceso a un deslumbrante cilindro de luz blanca que te protegerá de los campos energéticos negativos y los impulsos acumulados de oscuridad. Este brillante escudo de fuego blanco se llama «tubo de luz». Proviene de tu Yo Superior y es un poderoso campo energético de protección.

Mira a través de los ojos de Dios y ve esta hermosa columna de luz blanca que irradia desde tu amada Presencia Divina y tu Yo Superior. Es bueno que la visualices como un cilindro de fuego blanco de tres metros de diámetro, con un escudo de fuego azul protector del Arcángel Miguel a su alrededor que lo encierra. (La Gráfica de tu Yo Divino muestra el tubo de luz, página 54).

Algunas personas se ven de pie, dentro de una cascada de luz o rodeados de una niebla blanca que gradualmente se solidifica hasta convertirse en un muro protector de cristal blanco. Otras utilizan la analogía de una botella de leche, dentro de la cual se encuentran de pie, rodeadas de luz blanca. Sea cual sea la forma de pensamiento que utilices, cuando la invoques dirigiéndote a tu Yo Superior, el tubo de luz del reino celestial te ofrecerá una invulnerabilidad contra las fuerzas de la oscuridad.

Es posible que te haga falta renovar ese campo energético de protección varias veces al día, pues la discordia romperá el campo energético de esta «niebla de fuego cristalino solidificada», que se puede quebrar cuando tú te permites cualquier cosa inarmónica, incluida la lástima por ti mismo y la condenación de ti mismo, los estallidos emocionales o las palabras desagradables.

Si esto llega a ocurrir, reconócelo. Detente y pide la ley del perdón para restablecer tu armonía. Luego pide que el tubo de luz sea restablecido en tu mundo.

He aquí una oración corta para que pidas tu tubo de luz.

Tubo de Luz

Amada y radiante Presencia YO SOY,
séllame ahora en tu tubo de luz
de llama brillante maestra ascendida
ahora invocada en el nombre de Dios.
Que mantenga libre mi templo aquí
de toda discordia enviada a mí.

YO SOY quien invoca el fuego violeta,
para que arda y transmute todo deseo,
persistiendo en nombre de la libertad
hasta que yo me una a la llama violeta.

Cómo vencer al yo irreal

Del mismo modo que existen fuerzas oscuras que, desde fuera, influyen en la gente para que se suicide, también existe la fuerza oscura que actúa desde dentro. El yo irreal, o morador del umbral, también debe ser atado de modo que la persona pueda ser libre de seguir las indicaciones del Yo Superior. El Arcángel Miguel y sus legiones saben exactamente cómo manejar a ese morador y nosotros podemos llamarlos para que aten al morador de alguna persona, liberándola, o para que aten al nuestro y nos liberen de forma que podamos ser quienes somos en realidad.

Si te estás enfrentando a una depresión o tienes pensamientos suicidas, puedes exclamar: «¡Arcángel Miguel, ayúdame, ayúdame, ayúdame! ¡Ata a ese morador! ¡Libera a mi alma! ¡Elijo la vida!». El poderoso arcángel responderá a tu llamado. Si bien él y sus ángeles harán el trabajo que les corresponde, una parte te tocará a ti: deberás decidir superar tus circunstancias kármicas con inteligencia y darle a tu vida un impulso positivo hacia arriba.

En primer lugar, pídele a los ángeles que te ayuden a ser fiel a tu Yo Superior. Proponte cultivar una actitud positiva, independientemente de lo que esté teniendo lugar en tu vida. Si te atoras, pide ayuda a tu familia o a tus amigos. Si te empiezas a deprimir otra vez, díselo a tu familia y busca ayuda profesional de tu médico, ministro religioso, psicólogo o asesor juvenil. Lo importante es salir del atoramiento tan rápido como sea posible y empezar a moverse en una dirección positiva. Con la ayuda de la familia y los amigos, de la mano de tu Yo Superior, puedes ser más listo que las fuerzas oscuras.

El consuelo de la llama violeta

Otra herramienta espiritual para lidiar con el suicidio es la utilización de la llama violeta. En el mundo celestial, los ángeles frecuentemente bañan al alma en la llama violeta cuando aquella ha vivido una experiencia traumática. Las cualidades transmutativas y vibratorias de la llama violeta curan de forma específica a cada alma que la recibe.

La llama violeta es una energía espiritual de alta frecuencia que puede utilizarse para suavizar los puntos de conflicto en las relaciones y en las dificultades de la vida. Esta vibrante energía espiritual revitaliza y vigoriza el alma así como los cuerpos físico, emocional, mental y etérico, que son vehículos para la expresión del alma.

Los ángeles, respondiendo a tus oraciones y afirmaciones, se pondrán en tu aura, con los brazos extendidos, y dirigirán la luz y la energía violeta hacia tu conciencia, ser y mundo. La luz penetrará en los átomos y las células del cuerpo y se elevará como una llama, «quemando» la densidad del karma negativo y las cargas del pensamiento y el sentimiento.

Mucha gente ha tenido intensas experiencias con la llama violeta. Esta puede ser dirigida hacia la vida de quienes se sienten abrumados por los pensamientos del suicidio. Esta energía transforma los pensamientos negativos en positivos y disuelve el karma proveniente de experiencias de vidas pasadas que podría promover pensamientos suicidas. La llama violeta también puede utilizarse para curar a las almas de quienes han fallecido por suicidio o por otros motivos, y para aportar consuelo a los amigos y seres queridos que esas almas dejan tras de sí.

La llama violeta es el regalo del cielo para todos aquellos que quieren conectarse con el mundo celestial en la era de Acuario. Al visualizar un radiante estallido de luz violeta rodeándonos, bien podremos ver cómo desaparecerán muchas cargas. Podemos pensar en la llama violeta como un borrador cósmico, que al frotarse borra las deudas de nuestra cuenta kármica y convierte la oscuridad en luz.

Cuando hagas las siguientes afirmaciones muy sencillas muchas veces al día, deja que resuenen en tu mente una y otra vez, hasta que veas cómo se disuelven tus problemas con la acción mágica de la llama violeta transmutadora:

> YO SOY un ser de fuego violeta,
> YO SOY la pureza que Dios desea.

He aquí otra afirmación con la llama violeta. Cuando la hagas con el poder de la Palabra hablada, se convertirá en un decreto para que la luz de Dios te rodee con la curación y la transmutación de la llama violeta.

> YO SOY la llama violeta
> en acción en mí ahora.
> YO SOY la llama violeta
> solo ante la luz me inclino.
> YO SOY la llama violeta
> en poderosa fuerza cósmica.
> YO SOY la luz de Dios
> resplandeciendo a toda hora.
> YO SOY la llama violeta
> brillando como un sol.
> YO SOY el poder sagrado de Dios
> liberando a cada uno.

◀ Querer vivir ▶

El siguiente mantra es para llamar a la llama del perdón, que en sí misma es una cualidad de la llama violeta. Haz este decreto imaginando cómo las llamas violetas entran en la dureza de corazón, en el resentimiento y la ira, en la falta de resolución en ti mismo y hacia los demás.

**YO SOY el perdón aquí actuando,
desechando las dudas y los temores,
la victoria cósmica despliega sus alas
liberando por siempre a todos los hombres.**

**YO SOY quien invoca con pleno poder
en todo momento la ley del perdón;
a toda la vida y en todo lugar
inundo con la gracia del perdón.**

Reza por quienes se han suicidado

Además de que la oración ejerce una potente acción para ayudar a las personas a afrontar las fuerzas del suicidio, también podemos rezar fervientemente por quienes se han suicidado.

Podemos llamar a los ángeles para que encuentren a esas almas allá donde puedan estar atrapadas en el plano astral y les ayuden a comprender la ecuación espiritual, las pruebas que afrontaron y cómo pueden afrontarlas y superarlas en el futuro. Esta oración, de por sí, puede marcar una gran diferencia en la vida de un alma.

También podemos pedir que cuando vuelvan a la Tierra, esas almas lleguen a un hogar donde los padres sean suficientemente fuertes para darles una buena base, desde la niñez hasta la adolescencia y más allá.

Las familias que quedan detrás

Los santos se esfuerzan y recorren su sendero hacia Dios, aunque tengan que sufrir dolor físico. En contraste, vemos que en muchos casos el suicidio está arraigado en un interés hacia uno mismo que ignora el dolor que los seres queridos puedan sufrir.

El suicidio exige un alto precio de las personas a las que deja en su estela. Las familias que quedan detrás también son víctimas del suicidio. Probablemente no exista un dolor más grande que el de unos padres cuyo hijo o hija haya abandonado la vida suicidándose. Con frecuencia estos se sienten culpables y se quedan con la extraña situación de tratar de explicar por qué un ser querido decidió quitarse la vida.

Los afectados por la muerte de un ser querido que se ha suicidado necesitan ayuda. Parece que queden tantas cosas por explicar. La muerte parece algo definitivo: ninguna oportunidad de hablar o despedirse, ni de decir las cosas que quisiéramos decir.

Para quienes creen en el cielo y esperan que su ser querido se encuentre allí, el dolor aún carcome el alma. No importa cuántos años pasen, el dolor no se olvida. La cuestión de si el suicidio se podría haber evitado, el «si tan solo…», siempre persistirá.

En algunos casos, puede que seamos conscientes de que había pasos que podríamos haber dado; pero a veces las cosas pasan casi sin sobre aviso.

Es posible que sirva de ayuda saber que los seres queridos que se han suicidado con frecuencia se sienten tristísimos cuando ven el dolor que han provocado. Llegan a entender que su familia les amaba y que hacía las cosas lo mejor que sabía. Sus padres eran seres humanos y cometieron errores, pero trajeron al mundo a sus hijos y les dieron oportunidades, los alimentaron y los vistieron. Desde más allá del velo, las almas con remordimiento intentan entrar en contacto con su familia, pidiendo perdón por el dolor y el sufrimiento causados.

Tanto la familia como el fallecido necesitan consuelo. Es importante que perdonemos a los que han perdido la vida. Aunque han podido causar gran dolor, a sí mismos y a otras personas, ellos también son víctimas, muchas veces de fuerzas y circunstancias de las que no eran plenamente conscientes.

También es importante que los que quedan detrás sufriendo sean capaces de perdonarse a sí mismos. El suicidio en la familia es muy doloroso y no sirve de nada cargarse con un sentimiento excesivo de culpabilidad. En última instancia, el alma tiene libre albedrío y el cielo entero no interferirá con el libre albedrío. Dios, como un padre o una madre llenos de amor, ciertamente habría deseado evitar el suicidio, tal como los padres terrenales habrían hecho lo mismo. Sin embargo, el alma tomó una decisión y ahora debe acatar las consecuencias.

La oración puede lograr mucho. Puedes rezar por el alma de un ser querido, pidiendo que sea llevado a los templos de luz para aprender las lecciones de la vida. Puedes hablarle a esa persona como si te oyera, pues su Yo Superior lo sabrá y entregará el mensaje.

Una excelente manera de lograr una resolución interior es la de escribirle una carta a tu ser querido. Vete a un lugar tranquilo, donde nadie te moleste, enciende una vela si puedes, pronuncia una oración, toma una hoja de papel en blanco y escribe una carta de todo corazón. Cuando la termines de escribir, quémala y pide a los ángeles que la lleven a los reinos de luz donde habita el Yo Superior de tu ser querido.

También puedes rezar para que las víctimas del suicidio sean enviadas en su próxima encarnación a familias que las amen y les enseñen lo que deben saber. También podemos ofrecer ayuda a los adolescentes y a otras personas que estén afrontando el problema del suicidio. Al perdernos en el servicio a los demás, podemos curarnos.

Y aquellos de nosotros que debemos permanecer al pie de la cruz mientras las familias pasan por esa dolorosa experiencia, podemos proveer el apoyo espiritual y el trabajo de oración, así como una ayuda de forma práctica: cuidando niños, ofreciendo comidas o haciendo la colada, escuchando y consolando el corazón.

Un toque de atención

La tasa de suicidios entre los jóvenes ha ido aumentando durante décadas. ¡Es hora de que los jóvenes de Estados Unidos y del mundo despierten! Busca la protección contra la decisión de suicidarte pidiéndole a los ángeles que aten a la entidad del suicidio. Llama a los ángeles para que se lleven a los desencarnados de aquellas personas que ya se han suicidado y que van vagando por ahí intentando que otra gente les acompañe.

Cuando se produzca una multitud de suicidios o cuando alguien a quien conoces se sienta abatido y tenga la tendencia a suicidarse, haz estos llamados y verás cómo los ángeles acudirán para atar a las fuerzas de la oscuridad.

La solución es espiritual. El poder de la oración a través de la Ciencia de la Palabra Hablada puede limpiar los lugares en los que viven y operan las entidades del suicidio. La oración a San Miguel Arcángel es una oración de exorcismo, pero la gente de la Tierra debe utilizarla.

Señales de aviso

Es importante poder reconocer algunas de las señales comunes asociadas al suicidio. Si ves estas señales en ti o en otra persona, es vital que busques ayuda.

Las señales que indican una tendencia al suicido pueden ser sutiles u obvias. Los cambios en el dormir, el comer o los patrones de comportamiento pueden dar pistas. La depresión o el abatimiento pueden estar presentes. Las costumbres autodestructivas o los malos comportamientos impulsivos también pueden ser indicativos. Puede que exista una confusión emocional, sentimientos de desesperanza y culpabilidad. El hablar del suicidio es un indicador que no se puede ignorar.

Anteriores intentos suicidas y unas malas relaciones familiares son indicativos de un riesgo más alto; como lo es, claro está, la evidencia de que la persona está haciendo preparativos para la muerte o tiene planes específicos para suicidarse. Una pérdida sufrida durante los últimos tres a seis meses (como un divorcio, la muerte de un amigo íntimo o un miembro familiar o la pérdida de un empleo) con frecuencia va asociada a un alto riesgo. Los suicidios también pueden darse en el período de mejoría después de la pérdida de un ser querido, cuando la persona ha superado la conmoción inicial y ya es capaz de poner los pensamientos suicidas en acción.

Cuidado también con la calma anterior a la tormenta. A veces las personas sienten paz una vez que han tomado la decisión de suicidarse. Han hecho los planes y ahora lo único que tienen

◀ Soluciones espirituales ▶

que hacer es llevarlos a cabo. Antes estaban atormentadas, incitadas por las fuerzas de la oscuridad que operaban en ellas, pero ahora tienen una sensación de tranquilidad, de calma. Es una paz falsa. La entidad ha conseguido un compromiso y la han dejado en paz, toda vez que la persona ha tomado la decisión.

Si un amigo o un ser querido quiere suicidarse o si lo quieres hacer tú

Si estás teniendo pensamientos suicidas, por favor, busca ayuda en seguida. Llama a un ser querido, a un amigo o a un compañero de trabajo; o busca a alguien que pueda ayudarte. Marca el número de la línea directa para el suicidio: 1-800-SUICIDE, 1-800-784-2433 (en los Estados Unidos).

Afirma la vida y realiza el trabajo espiritual. Reza y pide ayuda a los ángeles. Pide a otras personas que recen por ti. Y recuerda que tú también tienes que hacer la parte que te corresponde. Debes afirmar la vida, rechazar la muerte y seguir adelante. Sí, eso requiere esfuerzo y lucha, pero ¡tú puedes hacerlo!

La única forma en que puedes fracasar es si dejas de intentarlo. Los maestros de luz te dirán que no importa cuántas veces te caigas, pero asegúrate de que siempre te levantas. Y la única manera en que un ángel te puede levantar es si tú te levantas a ti mismo. Recuerda eso, porque es crucial. La gente se suicida porque se niega a levantarse una vez más.

Recuerda siempre que Dios te ama. Eres una hermosa alma de luz. Tienes un Yo Superior y un ángel de la guarda, los cuales también te aman. Dios tiene un plan para ti. Puede que ahora no lo veas claro, pero lo verás cuando llegue el momento. Todo lo que debes hacer es dar el siguiente paso, el paso que sea mejor. Dios quiere que estés encarnado para que aprendas las lecciones de amor que la vida puede enseñarte. Ten el valor de pasar las pruebas y reza pidiendo valor y ayuda para afrontarlas.

◀ Soluciones espirituales ▶

Dios muchas veces muestra su amor a través de las demás personas. Ten la disponibilidad de aceptar su amor y su ayuda. Y cuando consigas la victoria, devuélvele a la vida la ayuda que has recibido en formas grandes y pequeñas.

Si estás leyendo este libro y tienes pensamientos o sentimientos suicidas, si tienes planes en ese sentido o si conoces a alguien que los tenga, ¡cierra el libro y busca ayuda inmediatamente!

La muerte no es real

En realidad, no existe tal cosa como la muerte. Cuando entregamos el cuerpo, no morimos. Nuestra alma y nuestro espíritu siguen viviendo. El cuerpo es solo una casa, un templo para el espíritu. Si la experiencia cercana a la muerte nos enseña algo, es la irrealidad de la muerte y la Realidad de la continuidad del alma. Los seres maestros de luz que vencieron y volvieron al cielo también son testigos del hecho de que la muerte no es real. Ellos se graduaron de la escuela que es la Tierra, y tu alma quiere hacer lo mismo.

En realidad, tu alma quiere vivir; no solo en el sentido finito de esta existencia terrenal, sino en el sentido infinito de la Realidad del gran ser espiritual que tú eres a niveles internos.

Notas

1. Las estadísticas sobre el suicidio de esta sección provienen de las siguientes fuentes:
   Organización Mundial de la Salud (www.who.int/mental_health)
   Befrienders International (www.befrienders.org.suicide/statics.htm)
   The Centers for Desease Control, "Suicide Prevention Fact Sheet" (www.cdc.gov/ncpis/factsheets.suifacts.htm)
   Las cifras son del año 2000 excepto cuando se afirma lo contrario.
2. Loren Coleman, *Suicide Clusters (Suicidios en cúmulo)* (Boston: Faber and Faber, 1987), pág. 1.
3. Gálatas 6:7.
4. Juan 16:33.
5. Loren Coleman, *Suicide Clusters (Suicidios en cúmulo)*, pág. 72.
6. Ídem, págs. 98-99.
7. Ídem, págs. 72-73.
8. Angie Fennimore, *Beyond the Darkness: My Near-Death Journey to the Edge of Hell and Back (Más allá de la oscuridad: mi viaje cercano a la muerte al borde del infierno y mi regreso)* (New York: Bantam Books, 1996), págs. 137, 138.
9. Hebreos 11:35.
10. Filipenses 2:12.
11. Mateo 18:3.
12. Deuteronomio 30:19.
13. Patricia Kirmond, *Messages from Heaven: Amazing Insights on Life After Death, Life´s Purpose and Earth´s Future (Mensajes del cielo: sorprendentes reflexiones sobre la vida y la muerte, el propósito de la vida y el futuro de la Tierra)* (Corwin Springs, Mont.: Summit University Press, 1999), pág. 135.
14. Marcos 10:14; Mateo 25:40.

Más recursos

Los libros y las grabaciones en audio que se dan a continuación están publicados por Summit University Press a menos que se indique lo contrario.

Herramientas espirituales
Libros de Elizabeth Clare Prophet:
La Llama Violeta para Curar Cuerpo, Mente y Alma
Consigue lo que necesites del universo
Cómo Trabajar con los Ángeles
Conversaciones con los Ángeles
Tus siete centros de energía
Recetas para una vida espiritual: descubre tu mision y equilibra tu vida (Porcia Ediciones, 2007)
Más libros recomendados:
Cartas del diablo a su sobrino, de C. S. Lewis (HarperCollins Español, 2006)

Muerte y más allá
Mensajes desde el Retiro de Saint Germain, de Patricia Kirmond (Porcia Ediciones, 2001)

Los efectos de la música
The Power of Music to Create or Destroy (El poder de la música para crear o destruir), DVD de Elizabeth Clare Prophet

◀ Más recursos ▶

Asesoramiento de crisis en el ámbito del suicidio
Los siguientes recursos están disponibles en los Estados Unidos. Busca en Internet o en una guía telefónica local para encontrar recursos en otros países.
National Suicide Hotline
   1-800-SUICIDE (784-2433)
   www.hopeline.com
Covenant House
   Asesoramiento y recursos para jóvenes y adolescentes
   1-800-999-9999
   www.covenanthouse.org
También puedes llamar al número de emergencias 911 y pedir ayuda. Explica que te encuentras en peligro de suicidarte.

Reconocimientos

Los conceptos y las ideas que se presentan en este libro son una destilación de las enseñanzas de Elizabeth Clare Prophet sobre el tema del suicidio, combinadas con el fruto de nuestra experiencia profesional asesorando y afrontando este problema.

Durante más de treinta años, Elizabeth Clare Prophet ha dado una perspectiva espiritual sobre el suicidio y la vida después de la muerte, y los conceptos espirituales de este libro son enteramente suyos. En muchos puntos, hemos incluido sus palabras directamente. En algunos, hemos expresado estos conceptos con nuestras propias palabras al tiempo que hemos intentado presentarlos con tanta exactitud como ha sido posible.

Para facilitar la lectura, no hemos incluido el gran número de citas y notas que habrían sido necesarias para documentar las fuentes originales de todo este material. Si deseas obtener más información sobre las enseñanzas de la Sra. Prophet sobre este tema y otros, un buen sitio para empezar son los recursos que se incluyen al final del libro.

Nuestra contribución a este libro ha sido simplemente la de tejer los hilos para completar la totalidad, añadir casos prácticos y proporcionar una comprensión profunda sobre algunos de los aspectos prácticos cuando se afronta el suicidio.

Las enseñanzas de la Sra. Prophet sobre este tema han llegado a mucha gente de todo el mundo. Esperamos que tú, lector o lectora, también hayas obtenido una nueva perspectiva sobre el don de la vida.

Neroli Duffy
Marilyn Barrick

Elizabeth Clare Prophet (1939-2009) fue una pionera de la espiritualidad moderna y una conferencista y escritora de renombre internacional. Sus libros están publicados en más de 30 idiomas de los cuales se han vendido ejemplares tanto en Internet como en librerías de todo el mundo.

A lo largo de su vida, la Sra. Prophet recorrió el sendero espiritual de los adeptos, avanzando a través de las iniciaciones universales conocidas por los místicos tanto de Oriente como de Occidente. Impartió enseñanzas sobre este sendero y describió sus propias experiencias con el fin de beneficiar a todos quienes deseen progresar espiritualmente.

La Sra. Prophet ha dejado atrás una extensa biblioteca de enseñanzas espirituales de los maestros ascendidos y una floreciente comunidad en todo el mundo de personas que estudian y practican estas enseñanzas.

Para recibir más información sobre Elizabeth Clare Prophet y las enseñanas de los maestros ascendidos, póngase en contacto con
 The Summit Lighthouse
 63 Summit Way, Gardiner, MT 59030-9314 USA
 Tel: + 1 406-848-9500 [en los EE.UU: 1-800-245-5445]
 Fax: 1-406-848-9555
 www.SummitLighthouse.org
 www.SummitUniversityPress.com
 www.SummitUniversity.org

www.ingramcontent.com/pod-product-compliance
Lightning Source LLC
Chambersburg PA
CBHW051802040426
42446CB00007B/481